Superconsciência, VISÃO e FUTURO

JOSÉ JACYR LEAL JUNIOR

SUPERCONSCIÊNCIA, VISÃO E FUTURO
José Jacyr Leal Junior

Revisão
Maria Ofélia da Costa

Projeto Gráfico/Capa/Diagramação
José Jacyr Leal Junior

Impressão/Acabamento
Digitop Gráfica Editora

Esta obra não pode ser reproduzida, no todo ou em parte, qualquer que seja o modo utilizado, incluindo fotocópia ou xerocópia, sem prévia autorização do autor. Qualquer transgressão à Lei dos Direitos Autorais estará sujeita às sanções legais.

sarvier
Sarvier Editora de Livros Médicos Ltda.
Rua Rita Joana de Sousa, nº 138 – Campo Belo
CEP 04601-060 – São Paulo – Brasil
Telefone (11) 5093-6966
sarvier@sarvier.com.br
www.sarvier.com.br

Dados Internacionais de Catalogação na Publicação (CIP)
(Câmara Brasileira do Livro, SP, Brasil)

Junior, José Jacyr Leal
 Superconsciência, visão e futuro / José Jacyr Leal Junior. -- 1. ed. -- São Paulo : Sarvier Editora, 2021.

 ISBN 978-65-5686-014-5

 1. Autoajuda 2. Autoconhecimento 3. Consciência 4. Felicidade 5. Superação I. Título.

20-52278   CDD-158

Índices para catálogo sistemático:
 1. Autoajuda : Felicidade : Psicologia aplicada 158
Aline Graziele Benitez – Bibliotecária – CRB-1/3129

Sarvier, 1ª edição, 2021

Superconsciência, VISÃO e FUTURO

JOSÉ JACYR LEAL JUNIOR

Médico, Especialista em Ginecologia, Obstetrícia e Ultrassonografia. Nascido em 08 de maio de 1960, brasileiro, natural de Curitiba – PR. Médico do Corpo Clínico Hospital Santa Cruz e Santa Brígida. Diretor Médico do Centro de Avaliação Fetal Batel SS Ltda. Presidente do Instituto Jacyr Leal e FRAT.ER BRASIL Ltda. Idealizador do Programa SUPERCONSCIÊNCIA/FAMÍLIA DO FUTURO. Criador do Método Prático MEDICINA CONATIVA.

sarvier

Agradecimento

No mundo existem diversos padrões de comportamento. Somos muitos rondando por aí. No entanto, entre todos, há um "tipo" especial de indivíduos. Não andam sós, cuidam uns dos outros, preocupam-se com todos, cooperam e, principalmente, estão sempre abertos para aprender e crescer. Sou muito grato a todos eles.

Você leitor, independentemente de onde se encontra neste caminho pela vida, irá se identificar muitas vezes ao longo de todos os capítulos e livros do **PROGRAMA SUPERCONSCIÊNCIA/FAMÍLIA DO FUTURO**. Sinta-se sempre muito bem-vindo, aproveite bastante, desde esta primeira obra, e também receba aqui o meu carinho e profundo agradecimento.

Serão ao todo oito temas que consideramos fundamentais para o bem-estar, a paz e a felicidade humana. Oito palestras que se tornaram livros, debates, *podcasts*, publicações, jogos e, em cada um deles, você será o protagonista. Assim, de modo direto, você é o meu convidado "do tipo" especial aqui e agora.

Devo a construção deste Programa a cada um que passou por minha vida e ajudou a evoluir meus pensamentos, porém, e de modo muito amoroso, agradeço à minha esposa, principalmente pelo companheirismo, motivação, inspiração, críticas nos momentos certos e um irrestrito e incansável apoio. E à minha filha, por acelerar em mim o desejo de "tentar" desenhar um mundo melhor para ela e para todos aqueles que ela encontrar pelo caminho.

Acredite, leitor! Meu coração está olhando exatamente neste momento para seus olhos enquanto escrevo. Não é magia, misticismo. É intencionalidade. Esta palavra tem até um capítulo próprio, só para ela, tamanha importância. Também sou grato a ela.

Ao longo de todo o percurso vamos desenvolver muitas reflexões, ideias apresentadas sempre com muito respeito, carinho e atenção principalmente às nossas semelhanças e diferenças tão caras para todos nós. É verdade, você é único! Mesmo assim encontraremos juntos maneiras para que você possa experimentar e exercitar ideias e aproveitar ao máximo cada reflexão apresentada. Por sua abertura, curiosidade e receptividade, por estar aqui, mais uma vez, gratidão.

Sucesso e conquistas só valem a pena se estivermos lado a lado, afinal, o que significará chegar ao topo sozinho? Importa muito comemorarmos novos pensamentos e cada vitória.

É muito bom ter você aqui comigo.

Este Programa foi feito para mim e para você.

Eu também estou no processo dinâmico da vida.

Então, vamos logo ao primeiro gigante desafio, o primeiro grande livro da série: **SUPERCONSCIÊNCIA, VISÃO E FUTURO**.

No tempo certo você será apresentado aos outros.

Sucesso para todos nós.

O Autor

Para Claudia e Gabriella, lindas esposa e filha.

Para os meus pais, pela família e pela vida.

Sumário

EPÍGRAFE 9

PREFÁCIO 11

APRESENTAÇÃO 13

INTRODUÇÃO 19

CAPÍTULO I
O QUE EU POSSO FAZER... POR VOCÊ? 27

CAPÍTULO II
MOTIVOS NÃO FALTAM 34

CAPÍTULO III
EU TENHO PRESSA 47

CAPÍTULO IV
ANJOS UNS DOS OUTROS 53

CAPÍTULO V
LUCY, LUZIA 1.0 E LUZIA 4.0 57

CAPÍTULO VI
A CARRUAGEM E O COCHEIRO 63

CAPÍTULO VII
TEMOS UM PROBLEMA 66

CAPÍTULO VIII
    MOTOR E SENTIDO PARA A VIDA 69

CAPÍTULO IX
    DESPREPARO *VERSUS* PREPARO 74

CAPÍTULO X
    INTENCIONALIDADE 80

CAPÍTULO XI
    TODOS JUNTOS 85

CAPÍTULO XII
    SEU FUTURO É AGORA 88

POSFÁCIO 98

BIBLIOGRAFIA 106

BREVE CURRÍCULO 108

Epígrafe

"Enquanto muitos se preocupam demais em protegerem a si mesmos e aos seus de todos os males do mundo, das quedas; surpresas; ventos e até brisas..., esquecem pontos fundamentais, como a proteção da própria alma.
A deles e a dos outros.
Esta proteção maior exige confrontos diários dos quais ninguém pode fugir".

José Jacyr Leal Jr.

Prefácio

Parabéns! Você está começando uma gigante aventura. **Superconsciência, Visão e Futuro** é uma obra transformadora. Digo isso porque está recheada de argumentos que nos ajudam a enxergar além do habitual.

O autor, reconhecido pela enorme capacidade de amenizar o sofrimento humano, dedicou toda a experiência de vida dele como médico estudioso, ginecologista e obstetra, para desenvolver um manual de funcionamento da mente, como solução para muitos problemas.

Tijolinhos de consciência começarão a ser reorganizados por você nesta jornada de belas descobertas. Muitas explicações sobre a prevenção do sofrimento e consequências.

Você vai entender o porquê de muitas das nossas decisões erradas; poder consertar o que não deveria ter feito ou dito; da opção deixada de lado por covardia; da transferência da carga de emoções para pessoas que não precisariam passar por isso; o surgimento das compulsões; tantas doenças e muitos outros exemplos do que criamos, muitas vezes apenas por pouca maturidade.

Esta potente ferramenta que está agora em suas mãos é um convite para você desafiar a si mesmo, evoluir, crescer e superar muito do que viveu até hoje.

Experimente despir-se de julgamentos sobre pontos de vista singulares e "diferentes". Não deixe de colocar em prática, treinar este conteúdo. Aplicado no dia a dia, incorpora novos hábitos de pensamento e comportamento, garantindo a você o poder pela lapidação emocional que fortalecerá todas as suas decisões.

O entendimento amplo do que será apresentado aqui ajudará você a escolher não sofrer demais com as adversidades cotidianas.

Pensar antes de agir é um dos grandes triunfos do entendimento acerca do amadurecimento. No entanto, acessando estas informações, é possível construir e utilizar caminhos mentais menos tortuosos, livres de culpa e diversos obstáculos que atrapalham a plenitude da sua alma. Deixe a lógica do autor fluir nas travas que tantas vezes nos impedem de "ser felizes".

Muitos de nós temos a tendência a reclamar do que não deu certo. Cruzamos os braços, lamentamos, choramos e perdemos tempo com o ocorrido. Raramente pensamos em outras possibilidades, pontos de vista ou verdades ainda desconhecidos. Fazemos isso naturalmente porque construímos a realidade com as ferramentas que carregamos da própria experiência, "sem pensar em outras possibilidades".

Mas seria este o momento ideal para acontecer o que você queria? Que lições pode aprender ao receber um belo "não"? Como moldar a capacidade de se adaptar a tudo o que tira você da zona de conforto? Aliás, quem cresce na estabilidade permanente? Por que tanto medo? E assim por diante...

Você não será a mesma pessoa depois desta leitura. Ingredientes como autoconhecimento, autoestima, empatia, reciprocidade, respeito ao próximo, resiliência, gratidão e perdão são alguns dos efeitos colaterais adquiridos ao longo deste percurso.

Mergulhe em si mesmo com esta obra revolucionária. Uma autoterapia compacta de poder. Páginas libertadoras que te ensinam a ser sua melhor versão. Porque o comando das maiores decisões está apenas nas suas mãos.

Agora é com você! Boa sorte!

Claudia Queiroz
Esposa do autor, mãe da filha do casal e..., jornalista.

Apresentação

Gratificante saber que podemos vencer qualquer obstáculo e descobrir a verdadeira *felicidade*. Sim, eu sei, essa frase soa como um grande chavão e iniciar um trabalho como este com tal afirmação não parece bom. Contudo, somos capazes de viver maravilhas e muitas vezes "gastamos" a vida presos a pensamentos que não nos permitem avançar em nosso crescimento físico, emocional e espiritual. Limitações mentais de toda ordem nos levam a sofrer e fazer sofrer, esse sim parece ser o "fato desgastado" que precisa ser extinto. Vamos olhar com muito carinho para isso. Uma proposta e tanto, verdade?

- Acredite, é real, pensar melhor, um pouco mais..., funciona!

Sentir esperança na própria pele é grande experiência e aventura. Quero demonstrar com este Programa que ser feliz sempre será uma questão de pensamentos e consciência avançada. Usar ao máximo a mente que o Universo nos presenteou: **A NOSSA SUPERCONSCIÊNCIA**, por vezes maltratada em livros, mais míticos do que místicos, com falsa autoajuda.

Iniciaremos com ela neste livro (e a manteremos viva em todos os outros temas). Super, ultra, mega avançada consciência.

Não lembro quando essas ideias começaram a se formar em minha mente, mas um dia algo ficou muito claro. Subitamente me dei conta que observava a vida de modo peculiar, sim, com curiosidade, mas principalmente com intenção e afeto. Sentia e enxergava a dor no mundo, no outro, e achava difícil compreender por que o sofrimento nos é apresentado enquanto podíamos estar todos bem. Por que predomina em muitas histórias, lugares..., e nos afeta tanto? Por que isso? O que é sofrimento? Melhor ainda, como vivenciá-lo?

- Não há como evitar, mas é possível aprender a "transitar por problemas" e ainda sair deles como alguém cada vez melhor?

- Lembro que eu estava com quinze anos de idade e tive uma conversa séria com Deus. Não foi um diálogo, afinal, eu estava "ali" e Ele não respondia. Ausência de resposta?

13

- Doce ilusão, um dos nossos maiores enganos. Naquele dia eu mal sabia a maneira como Ele nos "responde".

Não estranhe! Este Programa não é religioso. Mas aprendi desde aquele instante a estar com o coração e a mente abertos para o Universo. Somos antena, se assim permitirmos.

Segui minha vida, mas percebi que passei a pensar de modo muito mais "intencional". Com mais direção e questionamentos. Mesmo assim, cometi muitos erros (e acertos) à medida que a vida ia "acontecendo". Mais tarde, mergulhado em minha profissão como médico, fui quase sugado dos meus pensamentos, tamanha a aceleração e exigências ali esperadas.

Contudo, aquele momento lá atrás, à sós com Deus, sempre retornava ao meu coração. Isso acontecia principalmente quando em minha profissão, como médico obstetra, eu acompanhava uma criança ao nascer. Uma experiência gigante que, olhada desse modo intencional, apresenta sempre o resultado não apenas da história daqueles pais, daquela família..., mas desde a Origem do Universo.

Uma criança em minhas mãos, uma porção do pó da Terra organizado, vivo, Imperativo e Ordem do Amor e do Infinito, um aprendizado de bilhões de anos... Ou, apenas uma criança chorando, logo embrulhada em um pano qualquer? Entende melhor agora quando me refiro a ver a vida com intencionalidade?

- Posso enxergar um plano fantástico da Natureza em cada um de nós, em cada fato da vida..., ou apenas "um pano sujo de sangue e líquido amniótico", dia após dia.

O que sou eu? Quem é você? O que é a nossa vida?

- Aprende-se muito quando se quer aprender.

- Conhecer e vigiar.

Tente imaginar o que se passava em meu coração quando em casos médicos, graves e urgentes, eu sentia a Presença forte Dele por sobre minhas mãos, dirigindo cada pensamento e ação. Impossível descrever para você, pois é uma experiência individual. Pode achar loucura, talvez seja mesmo, no entanto estar bem acompanhado em momentos difíceis é outra grande ideia. Adoro loucuras que permitem paz, afinal, somos loucos uns pelos outros – ou deveríamos ser; ou podemos ser. Sou sempre grato a Deus.

Num salto quântico até hoje, **SUPERCONSCIÊNCIA**...

Certo dia senti que era urgente colocar no papel muito do que eu pensava, devolver para o mundo o que recebia, a cada momento, trocar observações captadas e os conhecimentos formados por tanta gente espalhada por toda a Terra, experenciar a vida com você!

Não sou dono da verdade, mas desejo conhecer outras que existem em cada um de nós. Melhor ainda, provocar o pensamento e aprender da infinita sabedoria que VOCÊ (sim, repito e insisto, eu disse você) traz em sua história. Esta que está contida em cada átomo do seu corpo, muito mais do que elétrons, prótons e nêutrons. Sem falar nos neutrinos, bósons, quarts..., há atração, união, cooperação..., entre todos nós, elementos que, mais bem compreendidos, poderão diminuir muito o sofrimento de todos. Aprender a pensar melhor, sentir as emoções e construir finalmente a **SUPERCONSCIÊNCIA**. Um parto e tanto, verdade?

- "Fomos feitos para dar certo". Somos obra única do universo. Isso é "*Cons(ciência)*" e não uma tese que precisa ser provada, uma opinião com mínima evidência estatística. Basta acreditar, pensar e agir. Foi o que Deus me contou de diversas maneiras a partir daquele primeiro dia (de conversas, sensações, dores e sorrisos).

"*Levante! Pegue sua capa, maca, sua... E vá (volte) para Casa*"!

Levante-se?

- Então me levantei e estudei, trabalhei..., e escrevi.

- Pensei, ouvi críticas, avaliei, repensei, corrigi, mudei tantas vezes e quase desisti.

Todas as palestras por mim desenvolvidas para o Programa **SUPERCONSCIÊNCIA/FAMÍLIA DO FUTURO** foram construídas com muito amor, centenas de apresentações contando a história e objetivos deste trabalho, muita emoção, reuniões que se tornaram livros, vídeos, conversas, madrugadas, finais de semana em uma caminhada num parque ou em torno de uma lareira... Eu não teria feito nada disso até hoje se não acreditasse na vida, no amor, em mim e em você. "Se não fosse aquela conversa franca com Deus". Importa repetir.

Impossível?

- Também quero que, assim como eu, você acredite no impossível. Darei dois bons motivos para juntos seguirmos adiante com esse Programa. Um deles delata que (já disse isso) **"não vale a pena a ninguém chegar no futuro sozinho"**; outro, afirmo, **"nada funcionará bem sem você por perto"**, mesmo que fisicamente distante. Para o mundo ser bom para um, haverá de ser para o outro e para muita gente. **COLABORAÇÃO** para a construção da vida.

Inescapável para que tudo funcione da melhor maneira: "não devo e não posso seguir sem você". Este Programa é, acima de tudo, um pedido de atenção, um convite de amor. Uma oração.

São muitos os pensamentos que carrego no coração desde minha infância. Eu e você já estávamos juntos como matéria, energia e intencionalidade desde o início dos tempos. Em ideia e propósito somos o Big Bang, e mesmo antes. Sempre acreditando em nós o Universo vem forjando almas e corpos, vidas ao longo do tempo. A minha, a sua, a de cada um, dia após dia, fato após fato. Escolhi olhar de perto para tudo isso. Decidi experimentar, **PENSAR** (mais), arriscar, vigiar..., e orar.

Algumas ideias começaram a tomar corpo em agosto de 2003 quando "fatos" me levaram a organizar meus pensamentos em uma primeira palestra (no momento adequado, lá na frente, conto como foi). Muitas descobertas desde então. Se você aceitar esse meu convite, no final de todo o trabalho chegará à conclusão que a palavra mais correta para o que loucamente buscamos na vida talvez não seja felicidade, mas **"contentamento"**.

Contudo, passaremos antes por aceitação; confiança, dedicação, esperança..., e muito, muito mais.

Este Programa existe para que possamos expor muitos fatos, até aqueles que nem imaginávamos. Quantas vezes encerrei uma palestra e ouvi de algumas pessoas:

- *"Nossa! Nunca olhei para isso dessa maneira"*.
- *"Nunca havia pensado nisso"*.
- *"Se soubesse disso anos atrás eu teria agido de outro modo"*.
- *"Se eu conhecesse isso não teria me divorciado"*.

Centenas de falas, como uma que me marcou logo após um *workshop* para menores em conflito com a lei:

- *"Porque nunca contam essas coisas para a gente"*.

Nesse dia recebi flores e um poema de uma das "apreendidas" pelo poderoso Estado, lido por ela para todos, em agradecimento a mim.

Emocionado, perguntei a mim mesmo:

- "*Por que não cheguei neles antes*"?

Melhor:

- **"Por que não chegamos neles antes?**

Topa "chegar"?

Estado! Topa repensar?

JOSÉ JACYR LEAL JR.

Introdução

Há milhões de motivos no Universo para nós dois estarmos na Terra. Eu e você, aqui, hoje, nem antes nem depois. Prepare-se para um grande desafio. Vamos "fazer muito" a partir de agora.

Quantas vezes ouvimos, entre gritos e lamentos após um triste acontecimento, algo assim:

- "*Meu Deus! O que foi que eu fiz*"?
- "*Onde errei*"?

Então pergunto a você:

Vamos pensar antes dos fatos, chegar na frente, refletir, compreender..., agir?

- Erraremos menos?
- Prevenção é possível, tendo sempre como espírito antecipar-se aos problemas. É urgente PENSAR (pensarmos juntos).

Temos pressa!

Você notará neste Programa uma infinidade de informações e descobrirá que, assim como eu e você, a maioria das pessoas desconhece muitas delas. Poderemos acreditar mais, compreender melhor, dar novos e importantes significados e, de outras maneiras, fazer melhores escolhas. Atitudes que autorizam prevenção e correção daquilo que "permitimos ou não" acontecer em nossas vidas, muitas vezes fatos ruins apenas por mais um – "*eu não sabia*".

Nossa **MISSÃO**: promover ao máximo auto-organização e maturidade humana, assumindo o controle da mais nova área cerebral na permanente evolução filogenética: o Lobo Frontal. Responsável por planejamento estratégico e visão do futuro. Acreditamos hoje ser fundamental para nosso desenvolvimento. Daí o nome **SUPERCONSCIÊNCIA**.

Nossa **VISÃO**: tornar este Programa mundialmente reconhecido por proporcionar autoestima, saúde e qualidade nas relações Humanas. Imagine um dia alcançarmos todos um padrão mental com **SUPERCONSCIÊNCIA** de nós mesmos, do outro e do Universo. Vamos nessa?

Nossos **VALORES**: quatro são os principais e foram eleitos, entre um rol gigante de boas possibilidades, porque provocam o pensamento, envolvimento e ação: **acreditar; compreender; ressignificar; fazer novas escolhas**. Princípios que permeiam todo trabalho e saiba, bem aplicados, são até mesmo terapêuticos.

ACREDITAR que é possível, permitido e até uma obrigação crescer, amar e ser fraterno. Desse modo, concordar receber amor, aceitar a vida, "abrir" o coração e a mente. As mãos de alguém que carrega força no coração e na alma podem e devem servir, auxiliar, compartilhar, trocar e ainda aprender com aquele que possa estar quase desistindo ou mesmo apenas iniciando no processo das grandes ilusões sobre perdas e fracassos. Ilusões, porque verdade e esperança vivem na força, nunca no medo e tristeza, palcos de tantas dores. Acreditar que **está tudo no lugar certo**, como deveria estar, acreditar em Deus, num propósito, no universo Dele, na vida, no amor, em si mesmo e no outro. Não é pouco.

Acreditar nos faz **COMPREENDER** melhor os fatos que se sucedem a cada dia, os principais lances e, por serem mais frequentes, principalmente aqueles que mal percebemos, mas afetam a nossa linha do tempo, nossa história; compreender os outros e as dificuldades deles, quem amamos ou mesmo aqueles que mal conhecemos, por fim, compreender a nós mesmos, quando machucamos e também aqueles que nos ferem de algum modo, por que não? Quantas feridas, ilusões e histórias tristes nos fazem "gritar" uns com os outros (porque não compreendemos). Temos boa parte, sempre, no problema e na solução.

RESSIGNIFICAR, isto é, dar novos significados, afinal de contas se **acreditamos e compreendemos** conseguiremos "enxergar" tudo de um modo diferente daquele que estamos acostumados. Muitos problemas serão resolvidos ou nem iniciarão, deixando de ser problemas, quando conseguimos "ver as portas que são sempre abertas a partir deles". Novos comportamentos, relacionamentos e acontecimentos surgem após desilusões, dentro da gigante ilusão da vida. Sim, muito do nosso dia a dia é apenas ilusão, o modo como vemos (construímos em nossa mente) o mundo. Enganados, às vezes quase cegos, partimos de pensamentos desalinhados para tomar decisões equivocadas. Assim, erramos muitas vezes. O que nos leva ao último valor adotado pelo Programa:

- **ESCOLHAS**. Elas partem de fatos e pensamentos (bons ou ruins) trabalhados em nossa consciência. Se os fatos não estiverem claros em nossa cabeça, adivinhe como serão (são) nossas decisões, atitudes e ações?

Por isso chega a hora de uma **nova consciência**, um nível mais avançado de conhecimento e pensamentos dos quais já somos neurologicamente capazes. Estamos equipados com um poderoso *hardware*, o qual demonstrarei de modo didático, logo num primeiro momento, ainda neste livro. Vamos inaugurar um novo estágio na história humana na Terra com equilíbrio real entre amor e inteligência, emoção e razão, o bem e o mal (nunca são opostos). É urgente aprender a fazer escolhas.

Observe e experimente um pouco na prática:

Para seguirmos nossa jornada atente primeiro para o que é mais importante acreditar: "***Está tudo certo sempre***". Esse é um **pensamento** que deve, pode e será colocado no automático da nossa mente. Isso guarda um grande objetivo: todas as vezes que algo acontece na vida, por pior que pareça ou de fato seja, esse pensamento será imediatamente utilizado como um escudo, um *airbag*, cinto de segurança. Esta frase "está tudo certo sempre" abre as portas da alma para acreditar, compreender, ressignificar e fazer novas escolhas. "Está tudo certo sempre" é a chave para uma nova consciência. A que todos nós temos direito (e dever).

Sim! Você pode discordar, saber que é difícil (concordo), bobagem (discordo), loucura...(talvez), ok! Alguns até se irritam com este "pensamento".

- "*Como assim, está tudo certo? Você não viu o que aconteceu?*".

Verdade!

Em nossa visão limitada que vive na dor e no medo, "não vemos tudo". Sabe aquela pessoa que acena para você enquanto você olha para o chão, muitas vezes sem saber o que fazer? Pois é! Esta é a função da frase: "Está tudo certo sempre". Nos faz tentar enxergar "tudo o que aconteceu". Um passo a mais na direção do infinito.

Assistindo a um desenho animado com minha filha, um "tigrinho" aprendeu com os pais a seguinte canção:

- "Temos que olhar um pouco mais para descobrir o que queremos saber". Ufa! Acho que não estamos sozinhos na Terra. Tem muita gente "pensando um pouco mais".

Então, apenas peço para que se permita também pensar um pouco mais. E se...? Afinal, o "está tudo certo sempre" é somente uma estratégia que **treinada** pode fazer muita diferença em nossos pensamentos que, por consequência, afetam diretamente emoções e atitudes. Ganhamos um comportamento melhor com segurança e paz. Teste, é de graça! Aventuras geram muito prazer quando vencemos o medo. É como se Deus acenasse para você!

Anote a frase em um papel e deixe na carteira, na bolsa. Leia sempre que precisar: "Está tudo certo sempre". Repito: este recado não é meu, acredite, é Dele.

Cada conceito será mais bem trabalhado em todo Programa, porém, o **"está tudo certo"**, por ser tão importante, quero tocá-lo forte e repetidas vezes aqui para você. O exemplo que darei a seguir poderá parecer tolo, porém, eventos pequenos assim são muito frequentes em nossa vida. E como geralmente não cuidamos, tais realidades afetam negativamente a nós e aqueles que nos orbitam.

Mínimas doses diárias de tensão acumulada, sem nos darmos conta, um dia cobrarão seu preço. Às vezes uma conta alta. Urge treinar a mente. Reagir com um bom pensamento. Não é difícil encontrar pequenos problemas, concorda?

- Um "causo" simples e de agora:

- Parei de escrever no parágrafo anterior porque precisava ir ao banco sacar dinheiro para no dia seguinte pagar meus funcionários. Como há um limite baixo de retirada no caixa automático, e não é uma boa ideia enfrentar filas em dia de pagamento, sempre saco parte do montante no dia anterior, no caso hoje, e completo no dia seguinte, em nosso exemplo, amanhã. Lá fora está uma noite fria, 13ºC, mesmo assim saí de casa. Encontrei todos os caixas sem limite para saque. Conclusão, "amanhã" estarei por um bom tempo em uma enorme fila que não precisaria ou queria estar, muito menos ter saído hoje no frio.

Sim, "e com razão", eu poderia fazer cara feia; esbravejar para o céu; xingar o banco; o frio; o morador de rua que atrapalha meu caminho; alguns xingam até Deus; ainda..., usar minha emoção como desculpa para uma bebida; uma pizza gigante; uma... Eu teria "meus bons e justificados" motivos. Eu já estava fora de casa mesmo.

Como sei que <u>está tudo certo sempre</u>, isso já está no meu automático, pois tenho praticado (muito), volto tranquilo para casa, sentindo o frio no rosto, cumprimento sorrindo o morador de rua e caminho pensando em coisas boas, como estarei amanhã contente na "fila" (*ught...*), e... "<u>sempre observando o que o Universo reserva para minha vida</u>". Acredite, sempre há. Quem será que encontrarei amanhã, qual grande oportunidade se abrirá para mim ou simplesmente para alguém que necessite da minha presença, olhar, sorriso, fala...? Fico ansiosamente feliz pelo que irei descobrir. Ou esse fato serviu apenas para me inspirar escrever isso aqui para você? Não sei..., nem importa agora.

- Tudo tem um propósito que geralmente desconhecemos.
- Vale aprender reconhecer..., vigiar, orar...! Mudar um padrão ruim. Verdade, escrevi um exemplo leve e você logo dirá que não será útil para problemas graves, ao que respondo com uma pergunta:
- "Será"?
- Aguarde, pensaremos mais sobre isso no momento certo.

Em tempo, encontrei pessoas com conversas muito interessantes no dia seguinte, cada uma com uma senha nas mãos. Não sei se para o próximo caixa ou para a próxima surpresa.

Outro conceito maior para assimilarmos: "**Somos as pessoas possíveis**". Assim como os outros, nossos pais, filhos, pessoas que amamos, conhecemos, desconhecemos, todos passamos pelo mundo como as pessoas possíveis. Sim, podemos ser melhores, tanto sei disso que "ser cada vez um pouco mais" é a principal proposta desse Programa. Construiremos juntos admirável **SUPERCONSCIÊNCIA**, você vai saber. No entanto, mesmo que aprimoremos nossas crenças, compreensões, significados e escolhas, sempre seremos apenas o nosso possível. Disso também trataremos melhor mais tarde, a cada passo, e essa "fala" neste momento é um preparo para conversarmos um pouco sobre outra das nossas frases condutoras, uma das que eu mais gosto:

- "**UM MUNDO MELHOR A PARTIR DE VOCÊ**".

Acredite, o mundo só será melhor a partir de você, do seu novo e treinado pensamento que produz ótimas emoções e atitudes como resultado. O mundo pode acabar ao seu lado e você ainda estar bem, dependendo apenas do modo de pensar sobre o fato. Imagine se unidos pudermos trazer mais pessoas para este palco? - "Um mundo melhor a partir de cada um de nós". Quanta coisa poderemos fazer em prol da vida? Quantos acenos para moradores de rua – que muitas vezes estão dentro de nossas casas e tantas vezes "eles somos nós".

O que o meu sorriso àquele morador de rua pode ter provocado nele em pensamentos e ações? E se era o "empurrão que faltava" para ele voltar para casa, reencontrar esposa, filhos...? Não sei! Ninguém sabe. Mas, fui o meu possível naquela noite fria. Uma peça no tabuleiro de Deus? Deus sabe jogar, nós precisamos aprender.

Sabe a história do livro, filmes, documentários sobre O SEGREDO? Quero te contar que não existe segredo algum. Está tudo aqui, ali, lá..., em mim, em você. Apenas muitas vezes não enxergamos. Por isso precisamos tanto do acreditar, compreender, ressignificar e escolher. Então... outra frase fundamento do Programa para que estes temas sejam acessíveis absolutamente para todos:

- "**TORNAR SIMPLES O QUE É MUITO IMPORTANTE**".

Quantos livros lemos (ou nem compramos porque eram enormes e caros), quantos cursos e reuniões participamos, quantas falas nas quais apenas de tempos em tempos surge uma ideia interessante, um bom ensinamento.

Não poucas vezes nos decepcionamos e "a maior informação" que recebemos é que existe boa quantidade de palavras espalhadas em falas e textos sem grandes ideias, muitas vezes fracas e ruins... e lá no meio algo importante. Talvez por uma questão de ego escreve-se muito, fala-se bastante, geralmente pouco a acrescentar. Uma capa caprichada, cores estudadas, um título imponente proposto pelo *marketing* da hora.

Importa aprender o que valorizar, principalmente hoje, em um mundo tão acelerado, precisamos administrar bem o tempo. Não estou propondo sermos superficiais, mas objetivos. Atente: neste Programa quero ser profundo nas provocações e reflexões, porém, não nos assuntos propriamente ditos, principalmente os técnicos dos quais há muita literatura para cada tema que iremos abordar. Livros, livros, livros densos, sobre tudo.

Por exemplo, ao olharmos para o cérebro vamos apenas passar pelo que importa saber das relações entre as principais estruturas e funções e o que nos leva a agir como agimos. Acredite, ajuda muito conhecer. Contudo, pouco valem o nome e a imensa complexidade de cada região. Para o que proponho não importa saber *"quais áreas do giro do cíngulo, para-hipocampal, hipocampo e amígdala, produzem ou não endorfina"*, mas importa aprender e ajudar você a nadar em hormônios do amor e de ligação. Você e as pessoas importantes em sua vida.

Existe muita literatura no mundo para se esbaldar em conhecimentos diversos. Se interessa conhecer mais, vá atrás. Mas não agora. Minha proposta é "escaparmos da casinha" (e do Currículo Lattes). Sem ofensa ou más intenções nesta hora, contudo, acredite, também existe vida inteligente fora das Universidades.

Quero alcançar os melhores resultados para a nossa vida apenas com o esforço suficiente.

Portanto, procurarei sempre ser simples e didático, dentro do possível, estimulando conhecimento, propostas práticas e mudanças de padrão necessárias para conquistarmos uma vida melhor. Não para cumprir mestrado, doutorado, pós-doc...

Também já disse e falaremos sempre sobre isso:

- Não sou dono da verdade e o conhecimento evolui a todo momento, <u>aprenderemos juntos,</u> e sou muito, muito grato por isso.

CAPÍTULO I

O Que Eu Posso Fazer... Por Você?

Certo dia li em um *e-mail* uma frase que me fez pensar muito. Era assim: - "*O mundo precisa de loucos, loucos uns pelos outros*". Imediatamente imaginei que "**sim, o mundo dará certo porque esses loucos existem, e são muitos. Falta apenas alguns mais pirados que organizem essa turma**". Não sei quem é o autor daquela frase no *e-mail*, mas sei que eu acredito em você, em loucura, no amor e na intencionalidade, isto é, na vontade de fazer o que precisa ser feito em cada situação. Juntos, colaborando, poderemos fazer muito mais para "a vida dar certo". Aliás, já deu, basta compreender, aceitar..., assunto que faz parte do todo, mas esta será outra história.

"UM MUNDO MELHOR A PARTIR DE VOCÊ".

"TORNAR SIMPLES O QUE É MUITO IMPORTANTE".

Encara o desafio?

- Permita-me inicialmente contar uma entre as muitas partes dessa maravilhosa jornada pela vida.

Sou médico obstetra. Vejo crianças nascerem todos os dias. Posso testemunhar: nunca vi nascer bandido; morador de rua; alcoolista... Por alguns minutos tenho em minhas mãos uma criança ainda molhada pelo líquido amniótico, com o cordão umbilical pulsando cada vez mais leve, como se despedindo da maravilhosa fusão com a mãe, momento ímpar de amor e gratidão para com o Universo. É sempre o início de mais uma grande história na Terra. Assim com a minha, a sua, a de todos nós.

A jornada dessa criança será escrita de acordo com o meio no qual a mente dela irá se desenvolver. Família, cuidadores, vizinhos, amigos, professores..., até por aquela senhora que ela nunca mais verá, mas um dia sorriu com um delicioso "bom dia nenê", enquanto caminhava no colo da mãe, pelas ruas do bairro onde nasceu e cresceu. Uma infinidade de relacionamentos, imitação, criação..., cheia de coragem, medos, certezas, dúvidas e "aprendizagem".

Mas..., aprenderá o quê?

Não me recordo quando pensei pela primeira vez enquanto aguardava cortar aquele cordão umbilical e "entregar o bebê ao mundo":

- "E se eu 'segurasse' aquela criança comigo"?
- "Se não a entregasse aos pais"?

Acredite, conhecendo alguns casais, durante o acompanhamento das consultas no pré-natal, não entregar a criança era uma vontade real.

Claro que não era o que faria, mas..., o que eu poderia fazer? Pensando melhor..., o que eu posso fazer?

O QUE EU POSSO FAZER... POR VOCÊ?

Deixar ir, claro! Afinal o universo sempre escreverá, apagará algumas coisas, desenhará outras no caminho, não eu. E ele, o infinito, esperará as reações de cada um de nós.

Porém, nunca deixei de pensar sobre tudo isso e se poderia fazer alguma coisa por aquela história que começava.

Quando nasce uma criança abre-se uma gigantesca "**Janela de Oportunidade**". Uma janela nesse contexto é um espaço limitado no tempo, uma chance para ajudar a Humanidade e, desse modo, colaborar com o Universo. Muitos casais fazem cursos para aprender a amamentar; dar banho; cuidar... (coisas que a natureza já ensinou há milhares de anos, mas a vida "moderna" complicou demais).

Muitos são os pais que estão abertos para crescer nesse momento. Sei, não todos, mas não podemos permanecer presos a uma minoria, fixados de modo pessimista naqueles que insistem em viver nos desvios das curvas estatísticas. Ok! Todos merecem amor, respeito e inspiração, e da minha parte terão, contudo..., vamos insistir: "*o Programa que construí e proponho é para todos, mas nem todos são para o Programa*".

Em outras palavras, Amor e Reflexões são para todos, mas nem todos terão coragem para permitir experimentar mudanças em si mesmos. Lembre aqui daquela frase *"porque não contaram essas coisas para a gente antes"* nascida no grupo de menores com problemas com a Lei, o poema, as flores para mim. Até hoje, colhi incontáveis transformações com este trabalho. Todas emocionantes, muitas inesquecíveis.

É verdade, presenciei gigantes mudanças em muitas pessoas que participaram de palestras e *workshops* que venho ministrando ao longo de tantos anos. Emoções renovadas, alegria..., mas também vi alguns que aparentemente apenas "deram de ombros" e foram embora.

Mesmo assim, ninguém sai impune, uma semente sempre é plantada e, somada à história de vida de cada um, em algum momento brotará, talvez em um *insight*, um grito de *"eureca"* enquanto toma um banho ou simplesmente caminha pela rua. Nosso cérebro é incrível e sem esperar surge o "nossa, não tinha pensado nisso antes".

A Vida trabalha a nosso favor. Aproveite.

Que tal se...?

Que tal um Programa, um "curso para os pais", e para todos nós? Irmãos, avós, tios, primos, vizinhos, professores, amigos, inimigos, infratores... até aquele menino bonzinho e obediente que "parece" estar tudo bem, assim como aquela doce e delicada menina que "aparenta" ...

Que tal conhecer, aprender e treinar finalmente dominar um gigantesco poder **que já possuímos**? Chega de aparências! Precisamos de amparo e direção desde o nascimento e por toda a vida.

Certa vez recebi o depoimento de uma idosa. Ela contava que a relação com a mãe sempre foi muito triste e difícil. Somente com 40 anos de idade compreendeu os motivos quando a mãe, com muita dor no coração, conseguiu finalmente falar sobre a raiva que carregava desde o nascimento da filha devido a um gigantesco e solitário sofrimento durante o parto. Essa relação ruim e dolorida com a mãe fez com que ela não conseguisse sequer se casar, nem ter filhos. Toda uma vida comprometida pela **manutenção de um padrão ruim de pensamento**.

Vou repetir: Toda uma vida comprometida pela **manutenção de um padrão ruim de pensamento**. Ninguém merece isso, sem ter a chance de "pensar antes". Acreditar, compreender, dar novos significados e viver novas escolhas. Nesta sequência, valores terapêuticos do Programa, quando bem usados.

Quão triste terá sido a infância e a vida dessas duas mulheres? Da mãe e da filha. Diversas almas maltratadas naquele lar, e fora dele, afinal a dor era sistemicamente espalhada para todos que cruzassem essa história.

Pergunto mais uma vez: - "**E se chegássemos antes?**" para, por meio de simples e profundas reflexões, delatarmos o maravilhoso amor entre mãe e filha e o perene medo da perda e do abandono? Ilusões.

Quantos outros lares com diferentes histórias e dores que não precisavam existir? Vamos pensar e agir? Objetivo maior da SUPERCONSCIÊNCIA. Afinal, de que adianta pensar e não agir?

E se... este Programa ajudar a mim mesmo, você e outros tantos..., a fazermos apenas mínimos (ou grandes) ajustes em um padrão "aprendido"; algo que mereça melhores (maravilhosos) PENSAMENTOS, consequentemente novos destinos? - Saiba que uma pequena mudança de direção hoje, quase imperceptível, é capaz de nos levar a lugares muito mais empolgantes no futuro. Insisto, **se pensarmos antes**. Se vivermos e atuarmos hoje com coragem para ser feliz.

O índice de suicídios vem aumentando em todo o mundo. Diversos estudos comprovam que um bom motivo em prol da vida oferecido a um suicida em potencial é capaz de afastá-lo desse desejo (aplacar a dor, porque nunca há o verdadeiro desejo de morrer). Acredite, o Programa oferece centenas de motivos para esquecermos definitivamente enganos e passarmos a utilizar todo o nosso potencial de amor, relacionamentos, alimentos, sexualidade, sonhos, segurança e espírito.

Fato: algo precisa ser revisto em nosso mundo. Você assiste ou lê notícias, não é verdade? Sabe aquele policial militar que foi morto a tiros por um traficante no morro (entre tantos que se repetem todos os dias?) – Simbolicamente... Eu acompanhei o parto do policial e do traficante. Alguém o realizou, de fato, e testemunhou o início dessas histórias. Poderíamos ter feito algo desde a raiz dessas histórias?

E se tivéssemos "feito alguma coisa desde o princípio"? Sabe aquela moça que foi estuprada e está grávida com apenas 10 anos de idade? – Fiz o parto dela e do estuprador. Sabe aquele jovem de 15 anos de idade que será hoje apresentado para as drogas e ao aceitar esse mal destruirá a vida – segundos de prazer trocados por anos de sofrimento para ele, para a família e para todos nós? – Eu fiz o parto dele, do amigo que trouxe a droga e de quem a vendeu. Sabe aquele morador de rua que "**largado no chão, passa por mim e por você enquanto nós (muitos de nós) parados, caminhamos lentamente (acelerados) pela rua sem saber o que fazer**"? A confusão "literal" aqui é proposital.

Pois, eu sei o que fazer.

Preciso apenas convencer a mim mesmo, você, nossos pares e o mundo a começarmos a pensar com melhores e mais evoluídos padrões mentais e obtermos como resultado emoções cada vez mais refinadas.

Fatos importantes, ou até mesmo os mais sutis, são sempre construídos a partir de nossas **ESCOLHAS**, essas que nos levam por caminhos muitas vezes dolorosos. E se aquela mãe que teve um parto difícil tivesse, ainda jovem, participado desse Programa? E se aquele policial que...; e se aquele menino que recebeu a droga...; e se o estuprador...; e se... E SE! (?)!

Certa vez vi a foto de uma criança em posição fetal, deitada em uma calçada. Não tenho certeza, mas ela deveria ter entre 8 e 10 anos de idade. Antes de se aninhar desenhou no chão a figura de uma mulher com uma lágrima que caía dos olhos e os braços abertos. Ali a criança permaneceu imóvel numa provável vontade infinita de voltar para um passado ligado ao grande amor que apenas "a ideia de uma mãe" consegue oferecer. Essa menina desistiu do mundo, não gostou do que viu e viveu, não suportou mais. Naquele local ela implorava por ajuda e ao mesmo tempo, angustiada, orava para retornar ao ventre da mãe.

Sim, aquela era a verdadeira imagem de uma oração.

Isso é realidade na vida de muitos de nós, trancados e chorando nos quartos silenciosos do mundo. Deus, tenho pressa!

Quem quer me ajudar a "fazer esses partos"? Este é o meu maior convite para você: "Vamos fazer juntos essa cura possível e desejada". Escolhas ao longo da minha história me trouxeram até aqui. Momentos belos, outros muito difíceis, todos me impulsionaram a construir esse Programa. Achar que poder tornar a vida melhor é difícil, complicado, trabalhoso..., é um padrão (ruim). Quero mostrar que é possível mudar, transformar, melhorar padrões.

Da dor para o amor; tristeza para contentamento; perdedor para vencedor. Ok! Trabalhoso, sei disso, afinal, neste momento eu poderia estar descansando em uma bela praia e estou aqui escrevendo só para você (e para outros tantos). Talvez eu esteja sonhando e lutando para que não aconteçam assaltos nessa hipotética praia (onde estou ou fujo sempre por covardia); talvez para que você possa sair tranquilo de um restaurante à noite e não ter medo de ir até o carro; talvez para...; talvez...

Este texto até aqui é um preparo para você conhecer a importância de participar de todo o Programa. Eu e minha esposa batizamos de **SUPERCONSCIÊNCIA/FAMÍLIA DO FUTURO**. Faremos juntos um belo passeio por nosso cérebro a fim de encontrar nosso *intelecto* e demonstrar como podemos aprender sobre o modo de **PENSAR A VIDA** e assim criar uma nova e melhor mentalidade, com auto-organização e maturidade. Hoje está na moda e fala-se muito da Indústria 4.0, uma nova revolução na maneira de trabalhar e produzir, com os imensos desafios que vêm pela frente. Acredito que para uma Sociedade 4.0 urge a formação de indivíduos 4.0. Quando chegar a 5.0 estaremos mais preparados, e assim por diante.

Vale viver em uma sociedade tecnologicamente cada vez mais avançada com pessoas sentindo cada vez mais dor?

O modo de pensar afeta toda a nossa história de vida e faz muita diferença em relação à felicidade. Nunca tivemos tantos problemas relacionais. Desentendimento é quase regra dentro e fora das casas (que precisam se tornar lares).

E de que maneira conseguiremos reverter tudo isso e passaremos finalmente a crescer até alcançar "um nível de consciência mais elevada"?

- Uma tentativa, uma tese, uma vontade: provocar o pensamento por meio de fortes reflexões até vencer o medo e a ilusão.

A seguir vou oferecer um pouco (bem pouco) de cada tema. São oito. Cada um que se tornou palestra, livros, vídeos, debates... depois, em cada capítulo, os detalhes das ideias que têm fascinado tanta gente.

Leia com tranquilidade. Serão muitas informações, pensamentos novos, outros nem tanto e sei que você já conhece muita coisa. Às vezes só não conseguimos explicar o porquê não colocamos em prática. Vá devagar, mas não pare. Vou repetir: "não pare". Acredite! Ao longo de todo o Programa, pouco a pouco, tudo ficará mais claro.

Um último e importante detalhe: também estou nesse processo. Sou provocado todos os dias pela vida. É uma longa caminhada de desafios e aprendizados. Vamos juntos.

CAPÍTULO II

Motivos Não Faltam

Então vamos lá! Como eu disse, neste capítulo você terá uma pincelada de cada tema do Programa **SUPERCONSCIÊNCIA/FAMÍLIA DO FUTURO**. Cada peça do teatro da nossa vida que, juntas, aprendidas e treinadas, oportuniza a grande transformação que merecemos.

SUPERCONSCIÊNCIA, VISÃO E FUTURO

Quando compramos um equipamento qualquer ele sempre é acompanhado das instruções. "***Leia antes de usar***" é o "pedido" do fabricante. Possuindo um sistema tão importante como o nosso cérebro, não seria conveniente olhar, respeitar e seguir as regras, isto é, ler antes de usar?

De modo extremamente prático partiremos dos centros primitivos, sustentáculos não conscientes da vida, isto é, funções biológicas que não cessam por nem um instante, agem durante toda a nossa existência e quase sempre nem nos damos conta disso; passaremos por áreas responsáveis pelas emoções, construídas para otimizar o alcance das nossas necessidades, evoluindo para habilidades cada vez mais interessantes; os pensamentos que nos levam a consciência da vida e comportamentos; por fim, chegaremos ao centro de comando, novíssimo em termos evolutivos, que nos permite dar direção para a existência com novos pensamentos e consequentes novas atitudes e emoções, um controle avançado, fundamental para a tomada das melhores decisões, a **SUPERCONSCIÊNCIA**. Uma exclusividade, um privilégio da natureza humana.

Nossas escolhas muitas vezes ficam comprometidas porque, apesar de as partes neurais em nosso organismo procurarem boas soluções, a ajuda dos pensamentos está envolta, presa, a fortes emoções, às vezes contraditórias, fazendo-nos conviver com ilusões e mal-entendidos.

Compreender e agir sobre os aspectos críticos que influenciam nosso comportamento é fundamental para a evolução e a maior consciência.

Quem está no comando da nossa vida? Desejos, vícios, medos..., ou uma área nova, especialmente desenhada pela natureza para enxergar e dar direção à evolução de pessoas, como eu e você?

- Em primeiro lugar, portanto, é urgente aprendermos como o nosso cérebro trabalha. Afinal, ele é o *hardware* onde rodam *softwares* de aprendizado e atuação. Mas..., quem manda em mim e nas minhas escolhas? Melhorando a pergunta: quem predomina em minhas decisões? Eu ou o Mundo? Realidade ou Ilusão? Emoção ou Razão? Quais as verdadeiras possiblidades de felicidade e paz se procurarmos conhecer, entender e dominar ao máximo essa realidade neural?

Este será o primeiro desafio transformado em palestra e neste livro. A partir dos pensamentos organizados poderemos detectar as dificuldades em nós e na sociedade, saná-las, corrigindo e, principalmente, prevenindo muitos problemas. Quais seriam eles? – Todos aqueles que nos afetam negativamente, direta ou indiretamente, e que podem e devem ser conhecidos e trabalhados. Observe pelos temas do Programa se você escapa de algum, se eles nada têm a acrescentar a você, mesmo que relacionados todos às práticas da vida no dia a dia.

Saiba desde já que cada tema proposto no Programa reforça um diferente aspecto da vida humana, contudo, todos eles "conversam entre si", evoluindo, somando a cada letra num desenvolvimento de consciência para chegarmos ao máximo que podemos alcançar de estabilidade e paz nesta vida, claro, com o que a natureza permitir. Porém, é bom saber, tudo acontecerá somente com muito treino e exercício prático, diário e permanente desses pensamentos propostos. Caso contrário, "seremos" apenas mais um bom livro guardado em alguma prateleira empoeirada. Felicidade requer ação. Tome como exemplo apenas esta frase do Programa, já comentada, a partir de agora colocada em prática por você: "Está tudo certo sempre"! Aplique todos os dias e depois me conte com um grande sorriso nos lábios. Não é mágica, é nosso cérebro funcionando na direção certa.

VERDADE, REALIDADE, INSANIDADE

Construímos muitas verdades desde muito cedo e ao longo da vida. Cada qual uma própria, única, e com elas nos relacionamos. Com uma mentalidade bem ou malformada tendemos a permanecer e conviver com aqueles que possuem "verdades" semelhantes, afastando-nos dos "diferentes". O diferente muitas vezes nos traz medo, com frequência, portanto, o repelimos, criticamos, não poucas vezes ferimos, magoamos – algo bem primitivo, uma defesa de um cérebro ainda imaturo. Desse modo, produzimos nossa realidade, não poucas vezes insana realidade.

Apenas por que pensamos de maneiras diferentes?

- Não.

- Porque acreditamos naquela que construímos e, presos a ela, não fomos preparados para conviver com o diferente, a enxergar outra verdade. Como já disse, e para reforçar porque é necessário, por motivos de defesa, fugimos ou atacamos.

Nossos "semelhantes", com quem buscamos convívio, também são diferentes em determinado grau, outras "verdades" também construídas na mente deles ao longo da vida. Como as divergências são menos claras, pouco percebemos até que uma realidade muitas vezes de dor delate o pensamento diverso, o intruso em "nossa casa". "Não esperava isso de você"! Reclamamos com surpresa, às vezes com indignação.

Este alguém, "desconhecido diferente", quem é? – Nossos pais, filhos, companheiros de amor... afinal, todos vemos, ouvimos e sentimos o mundo de modo distinto. Somos assim, crescemos "assados", ponto.

Construímos um mundo exclusivo e só nosso. Mais complicado ainda, percebemos muito pouco das energias e influências que nos cercam e mesmo captando quase nada, do mundo e da vida, achamos que "sabemos (quase) tudo". O que era para ser soma entre nós se torna um dia a dia de competições para a defesa da verdade de cada um.

As ilusões impedem que avaliemos os defeitos e desvios da verdade aprendida e montada ao longo da experiência da realidade. Eu e o outro sofremos do mesmo mal (ou bem, o que depende exclusivamente do que fizermos com ela). Acreditar, compreender, ressignificar e somar diferenças seria fantástico – novas escolhas, mas a imaturidade tenta proteger ideias próprias com toda a repulsa e força do medo.

Relacionamentos assim formam feridas que às vezes deixam marcas profundas. A elas reagimos "sem pensar" produzindo ainda mais dores, algumas incuráveis ou de difícil tratamento (não existe incurável, mas teimosia extrema). Manipulação, competição, abandono, desprezo, agressão, inveja, ciúmes..., muito pela emoção do medo, contudo, e felizmente, mais por desconhecimento, o que, portanto, pode ser curado.

Felizmente, porque se o problema é desconhecimento, informações provocativas devem dar conta e nos oferecer um caminho possível. Esta é a principal proposta deste trabalho: provocar seu pensamento. O medo passa com o tempo, facilitando desejo, direção e intencionalidade. Libertando a convivência entre "os diferentes".

Emoções precisam de investimento racional e conhecimento para serem bem utilizadas – aos poucos cria-se sabedoria. Tudo já está presente nas "regras da vida", no manual de instruções do equipamento neurológico que carregamos na cabeça.

Irmãos que não se falam; casais que se destroem; vidas que se perdem..., nós não merecemos um mundo insano, concorda? Vamos tratar nossas feridas e definitivamente parar de produzi-las. Detectar onde estão e compreender os jogos de prevenção e cura. Chega de desentendimentos, brigas e imaturidade.

Emoções existem para nos ajudar. Sem a direção de um cérebro pleno e forte restará apenas fazermos parte das dores do mundo. Como sofredores e provocadores delas.

Tenho certeza de que irá aproveitar muito desse módulo.

AMOR, CÉREBROS E ESCOLHAS

Divórcios explodem nas estatísticas, um enorme sofrimento em todas as relações. Pesadelo prolongado para os filhos, angústia para os pais e as famílias próximas. Antes do selo final da separação, foram anos de tentativas e dor. Se tudo geralmente começa tão lindo, com flores, jantares, portas de carros sendo abertas... a lua, essa que raramente era vista antes dos dois amados se conhecerem..., por que a relação termina tão mal?

No tema anterior já delatamos a formação e existência de diferentes verdades. Aqui vamos avaliar como se dá a aproximação e escolha, por que os jogos de poder são iniciados, montados e praticados com pessoas que teriam tudo para serem felizes, a que ponto podem chegar, como evitar, contornar, dar novos significados a tantas "coisas". Relacionamentos de amor são gigantescas oportunidades de crescimento, quando descuidados, essas oportunidades são jogadas fora. Apenas por não compreendermos as "regras mentais", presentes do universo.

Todos nós vivenciamos cada passo que será abordado no livro, em diferentes momentos, intensidades e dificuldades. O que muda para cada um é a capacidade de vigiar, pensar, refletir, acreditar e fazer novas escolhas, isto é, agir como precisa e merece.

Como propor diálogo entre duas pessoas que sempre têm razão? Como dar certo uma relação na qual se fala de um grande amor, mas ao longo do caminho "amo apenas se você fizer o que eu quero"? Por que digo que te amo e me irrito tanto com algumas coisas que você diz ou faz? Será que esse amor é de verdade? Ou apenas uma intenção mal compreendida? O que e como podemos fazer para superar tamanho desafio é a ideia central deste tema. O objetivo maior é escapar de um sofrimento "absurdamente desnecessário".

Quero provar (calma, retoricamente apenas) que você foi feito para a pessoa que (seu cérebro) escolheu. Sim, seu cérebro encontrou e decidiu... não foi você. Irá compreender melhor o que afirmo aqui. Por que você acha que se apaixonou por esse e não aquele, às vezes até estética ou financeiramente mais interessante? Não sei se a explicação que darei será uma verdade maior, aliás nem é apenas minha, não a inventei, apenas aprimorei, simplifiquei. Mas, é um maravilhoso caminho para ser treinado e colocado em prática. Fácil? – Não! Difícil? – Não! Então é o quê? – Fácil ou difícil depende do seu comprometimento com a felicidade e com a vida. Sua e de todas as pessoas que ama, aquelas que também sofrem por nossas escolhas (impensadas).

Acredite! "Você foi feito para dar certo", assim como aquele "indivíduo" (aquele único, que não se divide) que você escolheu para compartilhar a vida. Você está no jogo e precisa jogar, aprender a jogar, ensinar as instruções a si mesmo e recordar sempre os melhores lances para manter viva as emoções que o levaram a sentir o grande amor por quem está ao seu lado.

Isso e muito mais está esperando por sua leitura, escuta, por seu pensamento desenvolvido na direção da **SUPERCONSCIÊNCIA**.

ALIMENTOS, VIDA E SAÚDE

Alimentação inadequada e consequentes doenças... estamos cansados de ouvir sobre esse assunto, verdade? – Sim! Pauta diária nas diversas mídias. Se é dessa maneira, com tanta informação exposta, por que a realidade no que se refere a má alimentação está cada vez pior ou, apesar dos esforços de alguns, pouco se altera para melhor? Por que muitas doenças literalmente "devoram" cada vez mais toda a população? Por que a obesidade cresce em todo o planeta? Por que quase ninguém enxerga, escuta ou sente o que é preciso ser feito, mesmo percebendo na própria pele os danos provocados?

Neste tema, palestra, livro..., iremos compreender desde detalhes até fatos inacreditáveis em um mundo de grandes ilusões e confusões mesmo na mente de muitos doutores e de boa parte da sociedade que afirma saber bastante. O conhecimento da medicina muda a cada instante e sempre gosto de afirmar que não posso esperar "especialistas" decidirem se ovo faz bem ou faz mal para tentar desenvolver alguma razão sobre um tema tão caro para todos nós. Sim, eu posso também estar enganado em algum ponto aqui ou ali, mudar de ideia com o tempo quando apresentado para outros argumentos e verdades, afinal, o conhecimento é evolutivo e é preciso responsabilidade sobre o que afeta a vida de tanta gente. Mas é exatamente em nome dessa responsabilidade que decidi me expressar. Aliás, ovo deve fazer muito bem, caso contrário "pinto morreria". Brincadeiras à parte, tudo em excesso faz mal, até água. E eu adoro ovo! Por falar em "adorar", vamos logo a uma breve explicação sobre desejos.

Espalhados pelo cérebro encontramos centros neurais de prazer e recompensa criados e preparados para nos aproximar daquilo que mais precisamos e nos afastar do que não nos faz bem. Estão ali para a nossa sobrevivência num mundo competitivo no que se refere a obtenção de matéria, energia e reprodução, portanto, vivemos todos em um ambiente complexo e hostil em busca permanente de... Vença o melhor! Alimente-se, reproduza e sobreviva o mais preparado.

Nosso mundo hoje se tornou muito acelerado, diferente do que testemunhamos até bem pouco tempo na história do Homem na Terra, quase nada em termos evolutivos. Uma necessidade de adaptação gigantesca torna cada vez mais difícil para nós gerenciarmos tudo o que necessitamos. Vindas e idas de eras glaciais duravam suficiente tempo para que fôssemos capazes de desenvolver mecanismos protetores – adequação, adaptação. Já as mudanças em nossa alimentação nos últimos cinquenta anos foram inimagináveis para os antepassados e vieram muito mais rápido que eras glaciais.

Sim, parabéns para a Agroindústria (e não estou sendo irônico) por ser capaz de oferecer tanto alimento para uma população cada vez maior, vencer a fome, as epidemias por meio de tecnologia moderna e métodos eficazes como genética, transporte, fertilizantes... Fantástico! Contudo, benefícios excepcionais ainda (eu disse ainda) são acompanhados por outro desejo primitivo humano, o lucro cego, isto é, sem medir as consequências sobre a população. Lançam diariamente maravilhas sobre nossos centros de prazer e recompensa que nos fazem aceitar cegamente qualquer "comida" em troca de prazer imediato. Imperam sal, açúcar, gorduras, muita química em alimentos baratos e de péssima qualidade nutricional. Crianças, adultos e idosos com as mãos lambuzadas de sal e gordura carregando pacotinhos de "salgadinhos". Prazer dura segundos, gerando sempre uma longa lista de dias e noites de sofrimento mediato e futuro.

Verdade da biologia: centros de prazer e recompensa existem há milhões de anos e surgiram em um processo contínuo de desenvolvimento e adaptação que persiste até hoje – importante saber, não acabou. A maior função é tornarmo-nos capazes de identificar e escolher o que melhor precisamos no mundo para sobreviver. As emoções estão diretamente ligadas a esse maravilhoso processo de desenvolvimento para potencializar (bons) resultados. Buscamos aquilo que nos faz sentir bem, mas, se não bem preparados, amadurecidos, muitas vezes esquecemos do principal. Nossa saúde física, mental, espiritual.

Realidade do mundo atual: estamos confusos, ansiosos..., nossa aceleração dificulta avaliar o trabalho do nosso inconsciente e os centros de prazer e recompensa entram em franca atividade ("Que delícia esse novo biscoitinho"; "Oba! Chegou o novo restaurante de rodízio"; "Que prato mais lindo, quero comer com os olhos!"; "Olha que receita maravilhosa! Vamos fazer?" ...)

"Mas..., o preço de tudo que quero?".

Que tipo de conhecimento devo desenvolver para controlar meus desejos e tomar o controle da própria vida? Assumir o comando? "Verdade! Essa pizza está deliciosa, mas só mais esse pedaço".

Estamos com medo, com fome, com dor..., porque há diversos caminhos pelos quais a vida moderna nos impõe e mantém um grande desejo... por "comida". Mas..., comida ou nutriente? Qual a diferença?

SEXO, FAMÍLIA E SOCIEDADE

Falta diálogo e compreensão sobre sexo? Há uma realidade que faz gritar diversas emoções em meu consultório. Mulheres com 14, 15, 16... anos vêm com as mães, muitas delas tratadas como crianças enquanto a biologia (da natureza e de Deus) já as considera adultas. Na verdade, não sabemos o que fazer. Nossa cultura evoluiu para um mundo muito diferente do que conhecíamos desde milhares de anos até os tempos da minha avó, que se casou aos 14 anos – e não só ela. Afinal, a biologia construiu um marco identificado por nós como puberdade e dali impõe transformações gigantes no corpo e na mente de quem até então era de fato uma criança. Puberdade, momento no qual meninos e meninas se veem transformados em homens e mulheres. Jovens sim, inexperientes sim, porém com uma força propulsora para a vida que apenas **VOCÊ** sabe pelo que passou naqueles dias.

O que precisamos aprender sobre esses planos da natureza e passos da evolução? O que precisamos reaprender? Como trazer paz para o coração dos nossos filhos e para nós mesmos? O que resta acreditar, compreender, ressignificar e fazer novas escolhas?

As fases desde o nascimento até a pós-maturidade exigem respeito. Não apenas um respeito moral, mas uma nova concepção sobre essa moral e as emoções, os sentimentos resultantes e os pensamentos que apenas uma **SUPERCONSCIÊNCIA** poderá suportar e dar norte. Precisamos parar de sofrer. Precisamos crescer como homens e mulheres "numa igualdade que apenas as diferenças poderão explicar". Complementariedade e respeito que somente um amor verdadeiro é capaz de experienciar. Afinal, o que será amor verdadeiro? Amor é amor, não é verdade?

Retornando ao meu consultório, onde famílias em pânico vivem tremenda angústia por um ato sexual considerado precoce; ou uma gravidez "indesejada" (a que eu sempre dou nome como tão somente inoportuna); ou a própria moça de 15 anos que chega sozinha, com muita coragem porque não sabe mais o que fazer com o desejo que está sentindo; ou a idosa que perdeu o marido após 50 anos de casamento, acorda morrendo de tesão e me implora um remédio para que cesse o "sofrimento". Não falo dos meninos porque sou ginecologista, no entanto, eu sei o que passei aos 11 anos de idade. Sei sobre meus amigos e principalmente minhas irmãs porque a elas não era permitido saber NADA. Ah! Se pensassem. Proibido pensar sobre o que sentem. Crime!

Pois bem! Esse tema merece ser encarado com muito valor e cuidado. Precisamos compreender um pouco da biologia, evolução e história. E, principalmente, entender e acalmar nossos medos, encontrando juntos – nós, os pais, nossos filhos e amigos dos nossos filhos – um novo caminho a perseguir. Uma consciência maior, um amor maior, para encontrarmos paz nesse tema tão caro a todos nós.

SONHOS, DESAFIOS E EXPECTATIVAS

Crises com perda de sonhos. Quem já não se viu caminhando em silêncio por uma rua, envolto em pensamentos confusos, ou largado em casa sem nenhuma perspectiva para a vida? Uma emoção sentida como tristeza, às vezes muito maior do que a gente é capaz de imaginar, um sentimento que não sai do nosso pé, dia após dia, noite após noite?

Começo sempre esse tema com a frase: *"Somos o resultado de todo planejamento e dedicação que permitimos investir em nós mesmos até hoje"*. *Somos*, traduz "todos nós" passamos por isso; *resultado*, significa que somos hoje o agora; *planejamento*, versa sobre o que imaginamos e colocamos no papel; *dedicação*, fundamento para pôr em prática aquilo que imaginamos; *permitimos*, muitas vezes aqui está o problema! Não permitimos a nós mesmos, o nosso presente, futuro e felicidade.

Quais bloqueios, desestímulos..., por que muitas vezes estamos presos no chão (mesmo não sendo árvores)? *"Investir"*... Sim! Verdade, o que mais me encanta no significado etimológico dessa palavra é "tomar posse". Precisamos assumir comando da nossa vida! *"Em nós mesmos"*, claro, a minha vida depende de mim, mesmo com a intervenção de tantos outros, afinal, o resultado em pensamento sempre será meu. "Até hoje", para terminar o que nunca terá fim, significa exatamente isso. O que farei agora! Para exemplificar:

Pausei este livro há um mês, ali, no item – Sexo, Família e Sociedade. Não porque algo me bloqueou, mas porque uma série de expectativas está para se realizar em minha vida e começou a se mostrar em horizonte bem próximo. Parei muita coisa e mantive apenas minha atenção na família e em meu consultório. Parar o livro me deixou um pouco angustiado – lembre-se, apesar de desenvolver esses temas e todo o Programa SUPERCONSCIÊNCIA/FAMÍLIA DO FUTURO, tenho sentimentos que muitas vezes também atrapalham minha consciência e apenas observo os cavalos das emoções darem alguns saltos para os lados (que eles achem melhor). Contudo, isso não pode perdurar para sempre, numa procrastinação sem fim. Nesse ponto entra o "piloto do jato", o lobo frontal reassume o comando (sem nunca abandonar os cavalos, motores da vida). Sentei-me à frente do computador e reinicie este livro que agora você tem em mãos. Meus problemas foram se resolvendo como tinha que ser, dentro do possível e viverão o tempo certo.

Meu objetivo é mostrar que somos capazes de assumir o comando da vida, independente dos fatos. Minha história é diferente da sua, nossas expectativas, desejos..., no entanto, "fomos feitos para dar certo" – o que demonstrarei principalmente no último tema, "Você, ciência e espiritualidade".

Antes de chegar lá, conte para mim se concorda: Um jovem com a posse de um sonho, um grande caminho possível (ou mesmo impossível) desenhado pela frente, apoio no momento certo, com as pessoas certas, consciente das dificuldades e direção..., perderá tempo "largado" e usando drogas numa praça da cidade?

Contarei em detalhes minha história quando chegar a hora, mas saiba que aos 14 anos de idade, no ápice das dificuldades que vivi na época, tomei uma decisão para assumir o comando e a direção da minha vida. E segui meu plano olhando para o futuro. Aos 16 anos fui até a escola que eu sabia que passaria a estudar e comprei uma apostila de matemática básica para "brincar" nas férias. Quando terminava todos os exercícios voltava lá e comprava outra apostila, e às vezes eu levava junto uma de história, física, biologia. A partir dali minha curiosidade nunca mais "se escondeu".

Naquele ano, em minhas férias com amigos em um apartamento na praia, dois deles pediram uma folha do meu caderno, onde eu fazia minhas "brincadeiras matemáticas" (antes que você critique, pergunto: não há tanta gente que se distrai com palavras cruzadas? Eu fazia exercícios em uma apostila de matemática). Entreguei a folha e fiquei observando os dois se sentarem no chão da sala, um deles tirou do bolso um potinho preto, "uns matinhos verdes com cara e cheiro de estrume", enrolaram, ascenderam e, logo, com cara de idiotas, perguntaram para mim: - "*Qué*"?

Hoje eu entendo por que disse não.

"Eu já tinha um sonho".

Nada iria estragar meu caminho.

Vamos juntos?

TRAUMA, DEPRESSÃO E ANSIEDADE

Todos esses aspectos citados até aqui, pouco ou mal resolvidos, levam a traumas, produzem medo e solidão. Cicatrizes que podem (e devem) ser trabalhadas.

Iniciaremos listando realidades, riscos e prevenção. Claro, como poderei prevenir se nem sabia que "um tapete mal posicionado na casa de um idoso pode levá-lo a uma queda e a uma péssima qualidade de vida, até a uma morte precoce por uma imobilidade que não precisaria ter"? E esse idoso poderá ser seu pai! Ou eu, você... Um filho pequeno que caminha até uma janela sem proteção, uma piscina, um cachorro sem coleira... Não vivemos mais em um mundo onde a qualquer momento um animal surge por detrás de uma pedra e salta sobre nós..., mas um caminhão pode fazer o mesmo, um ladrão em um caminho escuro, pouco seguro.

Com tantos problemas na vida, apensar que **Steven Piker**, no livro "*Os Bons Anjos da Nossa Natureza*", provar cientificamente que hoje vivemos em um mundo muito melhor e mais seguro, que esse conceito se tornará cada vez mais verdadeiro..., como podemos de fato usufruir dessa "verdade"? Por que tanta depressão e ansiedade?

Vou demonstrar que depressão pode ser tão somente (e literalmente) algo da nossa cabeça. Que a queda de endorfinas pode ser resultado de nossos pensamentos equivocados, portanto, tratáveis com novos e melhores pensamentos e não apenas medicamentos. Que ansiedade é confundida com medo. Ansiedade às vésperas de uma prova para a qual estudamos muito, uma viagem em que estamos preparados... é bem diferente do medo quando não estudamos ou não nos preparamos. Será que a falta de sono que nos faz rolar por toda noite é depressão e ansiedade ou simplesmente a falta de **SUPERCONSCIÊNCIA** sobre a vida? O que você acha que eu acredito?

Todo Programa **SUPERCONSCIÊNCIA** foi criado para provocar pensamentos de qualidade. *Acredite* (primeiro valor), ***compreendendo*** melhor os fatos da vida (segundo valor), conseguirá ***ressignificar*** (terceiro valor), isto é, dará novos significados a tudo o que acontece – objetivo maior de todo estudo da psicologia – e, como consequência, *fará melhores escolhas* (quarto valor). Entendeu? **SUPERCONSCIÊNCIA** cura trauma (e previne), depressão (tristeza não resolvida), ansiedade (medo... que tenha um "bíxu" embaixo da cama – sim, tem algo ali, mas apenas em pensamentos confusos e desordenados).

Vamos buscar ordem.

VOCÊ, CIÊNCIA E ESPIRITULIDADE

Afastamento ou aproximação espiritual progressiva – chegamos ao último tema. Apesar de tocarmos, por vezes, em "lições das escrituras", não trataremos aqui sobre religião. Elas são apenas maneiras diferentes que cada um escolhe para falar com Deus, contactar, sentir "algo maior". Cito as mais importantes para os monoteístas, contudo, afirmo o valor de todas as religiões e crenças para a Humanidade.

"Em verdade, em verdade vos digo", neste tema partiremos do *Big Bang*, traduzindo, desde o "Haja Luz" – o primeiro para a ciência o segundo para a religião –, apenas para lembrar algo que você já esqueceu ou nunca pensou: **"VOCÊ FOI FEITO PARA DAR CERTO"**. Você e seu vizinho que insiste em deixar a música alta quando mais precisamos descansar. E a mulher ou marido que escolheu para (aprender a) amar.

Lembre-se: Deus é por você, "pelo seu vizinho", por todos. São as nossas escolhas que fazem parecer não merecermos uma vida melhor aqui na Terra e lá onde só a Fé sabe alcançar.

É neste ponto do Programa que mais me aproximo do medo e como lidar com ele; onde mais declaro o presente, passado e futuro; e, principalmente, como o "PENSAMENTO COM EMPUXO E DIREÇÃO" fará toda a diferença em nossa vida.

Sim, nossa vida, porque o que serei eu sem você, de que adianta chegar ao topo do mundo e perceber que está sozinho... de que adianta deixar para trás aquele jovem na praça que desesperadamente tenta aliviar a dor do desamor que sentiu por toda a vida?

Por isso repito o que começo o Programa contando sobre uma das minhas maiores inspirações: sou obstetra, acompanho mães e crianças nascerem e nuca vi nascer um bandido, um morador de rua, um drogadito. Sempre que tomo conhecimento da notícia de um assassinato vem à minha cabeça que eu fiz o parto da vítima e do assassino. E lá atrás entreguei ambos para "a vida cuidar deles". (Eu sei, já contei isso).

Nós somos essa vida que cuida. Eu e você.

Que tal assumirmos isso de verdade e passarmos a ajudar a direcionar para o amor o comportamento dos casais a quem Deus entregou a missão de construir emoções, pensamentos e consciência. Que tal eu e você aprendermos definitivamente que existe um sistema no qual estamos integrados, que não adianta ouvir os gritos de briga de casal no apartamento ao lado, o choro convulsivo dos filhos que sofrem..., e se calar, por que "nada há a fazer".

Eu adoro ser ingênuo e acreditar que há muito a fazer. Ainda bem que minha esposa muitas vezes freia a minha ingenuidade; ainda bem que você poderá criticar tudo neste Programa para que possamos juntos melhorá-lo; ainda bem que eu acredito em Deus...

Não tenho nenhum poder para mudar ninguém, a não ser a mim mesmo. Mas tenho toda vontade de inspirá-lo a tentar. Juntos, por um mundo melhor. Cada vez melhor.

Experimente o Programa.

O que poderá acontecer?

- Todos esses pensamentos ficarem mofados em alguma prateleira de algum sebo... ou poderão florescer no sorriso de uma criança.

Amo minha ingenuidade.

Eu não vou desistir.

Apesar que minha esposa "sempre tem razão".

Sim! Eu acredito no impossível.

E eu acredito em você.

CAPÍTULO III

Eu Tenho Pressa

"Suas palestras fizeram com que minha mente se abrisse muito. Pensei em meu futuro e como vai ser difícil. Confesso que no último ano do ensino médio eu estava perdida. Muitos nos dão conselhos do que fazer, do que seguir, e temos medo. Eu me espertei com tudo o que você falou. Suas palestras entraram em minha cabeça de uma forma absurda. Quem não foi perdeu muito conhecimento, coisas que usariam para sempre. Já estou praticando o que disse e até acho que estou indo bem. Passei a ajudar em casa a minha mãe, meus avós e finalmente estou me sentindo útil e feliz. Aprendi muitas coisas sobre história, biologia, religião, filosofia..., vou levar para a vida toda e repassar para todas as pessoas que amo. Só tenho a agradecer e ficaria muito feliz se voltasse ao Colégio para dar mais um 'aulão' para a gente".

Esse testemunho recebi por *e-mail* em 16/10/2014 logo depois da apresentação das palestras em uma das tantas Escolas Públicas nas quais venho aplicando o Programa há anos. Paola é o nome (fictício) da estudante de 16 anos que sentia agonia pelo mundo cada vez mais acelerado que se apresentava logo ali na virada do ano, início de nova fase da vida. Fazer ou não faculdade, casar-se, não casar, para onde ir..., ceder ao gigante medo que inunda corações de milhões de jovens todos os dias, cada vez mais. Álcool, drogas, violência..., insisto, o que é necessário pensar e fazer para enfrentar dificuldades e afrontar medos? Automutilação como opção para arrancar de si mesmo uma extrema dor que se espalha pelo corpo, o que muitas vezes termina no suicídio (de mais um anjo, um filho nosso), aumentando cada vez mais índices estatísticos em estudos e pesquisas.

Estamos preparados para a tão propalada Indústria 4.0? Prontos para engrandecer os sonhos de nossos filhos? Que adianta tanta tecnologia que surge em cada esquina, a todo momento, se esquecemos de nós mesmos?

Tornar-se útil, sonhar e correr atrás dos sonhos, uma fala que venho espalhando por diversos lugares e não sai da minha cabeça, o que não me permite desistir. Inspirar outros loucos.

Curioso ver cada pensador, cada estudioso, cada um que surge nas diversas mídias ser imediatamente criticado. Eu não tenho medo de críticas, tenho medo do silêncio. Estou aberto para aprender e crescer. Apenas peço ajuda para quem entende e sabe mais do que eu. Critique, fale, argumente..., mas vamos seguir juntos.

Enquanto muitos constroem castelos para proteção, por medo do que há "lá fora", com muros altos, arame farpado, fios elétricos, câmeras, alarmes e seguranças, nós queremos conhecer onde e por que nasce a dor a fim de conter o sofrimento. Uma dor que não precisa existir.

"Meu colégio está localizado na vila [...]. Temos três facções nesse entorno e um dos traficantes tem 11 anos e é conhecido como Zé Galinha. Nossas alunas de 7º, 8º e 9º anos já se prostituem e os meninos de 15 e 16 anos são "aviãozinhos" ou usuários. Alguns usam tornozeleira eletrônica, outros têm pais viciados. Temos alguns casos em que os meninos estão jurados de morte, mas frequentam a Escola como meio para manterem-se vivos. Estou chocada com a situação, mas, enfim, este é o meu trabalho. Por isso peço ajuda a vocês". Profª T.E. Colégio Estadual [...].

Recebi esse *e-mail* 05/06/2016 no começo da noite, logo após chegar em casa, vindo do meu consultório. Como ler isso sem se emocionar?

Sentir a dor do outro é qualidade apenas quando decidimos "arregaçar as mangas", mesmo que somente com o que temos ao alcance das nossas mãos. Todos possuímos em nós essa capacidade, no entanto, não temos competência. Aquela professora nesse *e-mail* era a diretora do colégio. Não tinha mais como transformar a situação da escola e do entorno, contudo, e no ardor de cada dia usou da própria capacidade humana e competência moral para pedir ajuda.

Mas..., como ir até lá, "falar" com o Zé Galinha? Eu? Sozinho? Com a profe.? A polícia para conter e proteger? Equipamentos especializados do governo? Organizações não governamentais que se dedicam ao tema drogas; violência doméstica; às...?

- VAMOS TODOS JUNTOS.

Os problemas enfrentados no mundo são de tal modo complexos que não se vai ao combate com apenas um lado do pensamento, por mais organizados que sejamos. Precisamos de TUDO. A proposta que sujeito agora à sua compreensão é de que há uma maneira de mudar tudo isso atacando a raiz do problema. Sim, vamos falar com "zés galinhas", com os pais de todos os "zés" que surram diariamente as "companheiras" que estão quase sempre alcoolizadas, vamos falar com os..., contudo, vamos com inteligência.

Importante! Falar com os Zés é prevenção secundária e terciária. O mal já aconteceu. Quero pegar "o Zé", pelo pé, antes que ele nasça. Antes que ele construa uma mentalidade reativa à dor que irá nele ser duramente construída durante toda a infância, abandonada por todos, pelo mundo. Uma história de "reação e ação" formada ao longo da vida, que o torna útil para si mesmo apenas como "chefe do tráfico de drogas" na escola. Drogas para aliviar a dor de tantos outros. Pegar o zé antes de nascer é prevenção primária. Encher ele de atenção e amor. O que será que aconteceria com essa história? Quando nasce o próximo Zé? Tenho pressa!

Para interferir de modo positivo é preciso alcançar os pais do Zé, os avós, os... Mesmo antes de todos eles nascerem. Implantação de uma nova herança (epi)genética, a exposição do mundo deles a uma nova mentalidade. Construção do amor e da esperança.

Em uma conversa com um político de expressão em nossa cidade, após minha exposição de motivos, jogando-se para trás na cadeira ele concordou: - "Estamos enxugando gelo". Por mais que façamos "coisas e planos", as estatísticas ruins em todas essas áreas não param de crescer, estamos sim colocando algum freio, mas o peso da locomotiva está cada vez maior e nossos instrumentos habituais não dão conta".

Eu respondi ao político: - "Precisamos parar de olhar apenas para freios, rodas, estradas e passarmos juntos a enxergar e treinar o maquinista". Maquinista é esse piloto que mora em nosso lobo frontal, que planeja e coloca em prática desejos controlados pela responsabilidade, domando os centros neurais de prazer e recompensa. Ele é quem decide caminhos, conhece ou experimenta com responsabilidade novas rotas para que possamos evoluir em segurança nessa viagem pelo Universo. Afinal, preciso da sua ajuda, leitor, para ajudar o Zé Galinha, aquela diretora, o entorno dela e todos os alunos da Sociedade.

"Senti que era Deus falando comigo. Fui abandonada por minha mãe quando tinha um ano e três meses. Sofri toda a dor dessa falta, desse vazio imenso, da rejeição de uma mãe por um filho, e vivi em depressão. Você conseguiu com suas palestras me fazer ver que eu olhava apenas para mim. Me ajudou a compreender que tudo fez e faz parte da minha história, me permitiu entender a angústia, o desespero e o sofrimento de minha mãe. Você tirou um peso enorme do meu coração".

Este é o depoimento da Ana, nome fictício, terminando o ensino médio e que depois de um banho de informações e reflexões foi capaz de **acreditar** no amor da mãe, **compreender** os mecanismos e narrativas que construíram a vida dela, **ressignificar** sentimentos, pensamentos e, graças a esses, **fazer novas escolhas**. Não é por nada que esses são os valores de todo o Programa. Ela aprendeu a "olhar a dor do outro", neste caso, a própria mãe. Como ver as tremendas dores envolvidas nas drogas, na violência doméstica e a das ruas..., será que a solução será apenas aumentar cada vez mais o policiamento, o tamanho dos nossos muros, mesmo os construídos dentro de casa? A dose dos antidepressivos? Ou pegarmos a mãe da Ana pelos pés antes mesmo que ela nasça? Assim como queremos fazer com os Zés.

Era uma das primeiras escolas públicas que visitei com o Programa. A diretora aconselhou que não contássemos aos alunos que aconteceriam as palestras porque sabendo que não haveria aula nem viriam para a escola. Escolhemos realizar uma apresentação por semana. Na data marcada eles simplesmente seriam levados ao anfiteatro "como cordeiros curiosos" (maldade minha). Assim foi feito. Dei a primeira palestra para todo ensino médio. Uma algazarra e falatório na sala durante os terríveis primeiros 20 minutos. Foi complicado para a minha garganta e coração enfrentarem tamanho ruído (e certo medo meu). Será que eu estava errado? Eu não deveria estar lá, afinal, poderia ter ficado quieto em casa..., tranquilo..., e fazia muito frio naquela noite. Nunca cobrei nada por aquele "trabalho" e estava levando uma surra daqueles jovens, colocando-me em risco, à noite, na periferia da cidade. Então lembrei que eu estava lá por eles. E, melhor, pelo que eu acreditava.

Aos poucos percebi que parte da turma se aquietava e eu tinha alguma atenção. À medida que os minutos passavam o que eu falava conquistava mais e mais ouvintes. Terminei a palestra e em uma sala com aproximadamente 120 jovens, entre 14 e 18 anos de idade, apenas um ou outro no fundão ainda se agitavam na cadeira. Saí de lá muito cansado, com fome e um pouco de angústia. Difícil avaliar. O que eu afinal estava fazendo? Por quê? Sim, ouvi palmas, mas assustado não percebi. As emoções e a consciência em meu cérebro primitivo protetor procuravam o tempo todo me fazer desistir.

Não foi a primeira vez e nem será a última que pensarei em fugir, desistir. Porém, como sempre, nada como um boa noite de sono e apenas relembrar os sonhos para acordar preparado novamente para a batalha.

Retornei ao colégio na semana seguinte. Ao estacionar e sair do carro notei um grupo de jovens que deixavam a escola. Assim que me viram voltaram correndo e mesmo de longe percebi que pegavam seus telefones. Ao abrir a porta da escola lá estavam alguns alunos com um lindo e largo sorriso para mim. - "Boa-noite professor"! Bem, não sou professor, pensei. Mas logo a maior surpresa. Pediram se eu poderia esperar um pouco para começar porque estavam mandando mensagens a outros amigos que não estavam no colégio...e... Demorei alguns segundos para entender e acreditar (logo eu que quero "ensinar os outros a acreditar", lembre-se também estou em processo). Fui até o anfiteatro e já estavam alguns querendo perguntar sobre a palestra anterior e o que poderiam fazer para ajudar (sentirem-se úteis, lembra?).

Assim foram todos os dias de palestras. Não sei por que ainda não comunicávamos as datas. Acho que por nosso medo adulto e por não confiarmos nos jovens, no poder e ânsia que eles possuem pela vida.

No último dia, sala cheia, professores lá atrás sentados em banquinhos, pois não havia mais lugar, e a diretora no último momento tirou algumas fotos. Mais tarde me confessou que além do resultado ter sido muito além da expectativa, dela e do corpo docente, o que mais a chamou atenção foi que os "alunos mais complicados" da escola estavam todos ali e se sentavam nas primeiras carteiras. Ao que respondi para ela que "alunos complicados" são muitas vezes aqueles que ainda têm energia para reagir ao mundo que lhes está sendo duramente apresentado. Aquele que chuta uma porta, quebra uma cadeira, muitas vezes está apenas gritando por ajuda. E o Zé Galinha estava lá.

Fazer o jovem acreditar em si mesmo e no poder que ele tem pela vida, para mim é a grande sacada para mudança. O cinema norte-americano aprendeu a beber dessa fonte. Li uma reportagem que afirmava Hollywood hoje proibir qualquer um de chamar jovens de adolescentes. "*Young adult, never teenager*". Salas cheias de jovens (e os cada vez maiores) assistindo *performances* de atores de ambos os sexos, com a mesma idade deles, salvando a moça em perigo, o país, planeta, o universo. Filmes que demonstram o poder que todos nós carregamos na pele, apenas faltava alguém para "provar" que isso sempre foi verdade.

A curiosidade inata de uma criança explode no comando mental de um jovem que quer e precisa ser reconhecido em casa e fora dela. Saber que têm objetivos acadêmicos, profissionais, atléticos, porém também familiares, humanos e democráticos. Reconhecer que possui direito à vida, liberdade, igualdade, assim como segurança, justiça e trabalho. Contudo, também carrega obrigações, deveres consigo mesmo, para com a família, escola, comunidade e país. Valores são formados com atitudes que moldam o caráter necessário para a paz e a felicidade.

Chega de "geração mimimi; nem, nem, nem", e o que mais nós, os sabidos, "destruímos" até então. Podemos definitivamente mostrar aos jovens, e a quem mais precisa ou faltou ouvir, a maravilha que é ser capaz de arrumar a própria cama, fazer a própria comida, construir o próprio caminho.

Hollywood acreditou, fez e encheu as salas de cinema em todo o mundo, enriquecendo seus números em bilhões de dólares. O que você acha seguirmos o mesmo raciocínio? Afinal, a vida não é apenas ficção.

Observe o que mais aparece nos filmes com os maiores resultados de bilheteria: Servir. Capitão América sabe que "apenas um grande amor é capaz de uma grande entrega", ele disse isso. Um grande amor é algo que pode e deve ser aprendido e levado por toda a vida.

Se não for verdade, o que adiantaria pensarmos melhor por nossas próprias vidas, como estamos conduzindo, e ainda como olhamos para tantas Anas, Paolas e Zés Galinhas?

Eu tenho pressa.

E você?

CAPÍTULO IV

Anjos Uns dos Outros

Alegria ou sofrimento não são obras do acaso, isto é, não surgem do nada, não são sentimentos que "caem do céu". São resultados criados e trabalhados por nós, frutos das escolhas dos nossos pensamentos. Criados por nós porque lá estávamos, com quem, onde, quando, porque... fatos sempre consequências de escolhas. E trabalhados por nós porque o que sentiremos por tais "escolhas" dependerá diretamente do modo como "permitimos" olhar e viver nossos pensamentos. É urgente aprender a pensar. Usar máscaras não é mais opção.

Claro que nunca conseguiremos ser absolutamente reais. Interagimos o tempo todo durante a vida e nos portamos de modo diferente com cada pessoa, em diversas situações. Não há mal algum nisso, faz parte e não é sequer fingimento, apenas adaptação. O que importa é procurarmos ser os mais verdadeiros possíveis, intencionais e estarmos alertas para não abusarmos dessa característica normal e tão humana.

Por isso mesmo, chega de máscaras. Para tanto, precisamos elevar ao máximo nossos pensamentos, aprender e ensinar, passar, transmitir isso aos nossos filhos. Com coragem e dedicação.

Aliás, ensinar, aprender?

Parece-me arrogância sempre pensar que iremos apenas ensinar.

- "Filhos são grandes professores que o Universo entrega para que os pais permitam a si mesmos "aprender" sempre e cada vez mais e assim se tornarem maiores".

Interessante. Sempre a vida nos faz pensar que precisamos ensinar, educar nossos filhos e outras crianças. Mas se você já passou pela experiência da maternidade ou paternidade compreenderá muito bem onde quero chegar. Aprendemos demais com eles (se deixarmos nossa arrogância de lado). É na relação de amor que crescemos juntos, nos desafios, nas expectativas, nos problemas e na doença. Filho com febre! "O que vamos aprender aqui"? Pais e filhos aprendem juntos.

Esse aprendizado relacional com um filho inicia-se desde o grito que ouvimos do "estou grávida", os nove meses seguintes, nascimento, infância, juventude, fase adulta, velhice... até encerrar na grande despedida com nossa última lágrima na Terra.

Triste isso?

- Nada!

Agradeça sempre por tamanha experiência que o Universo nos presenteou, seja o tempo que durar esse relacionamento.

Não aprendemos apenas com os filhos. É no exercício de todas as relações que nos tornamos maiores. Aprendemos, somos desafiados..., mesmo quando feridos. Somos sempre anjos uns dos outros, mesmo quando não conseguimos enxergar isso.

"Você foi feito para dar certo", insisto com essa afirmação. Cada um de nós. Colocamo-nos nas histórias, participamos diretamente ou não, mas recebemos todas as influências dos fatos, mesmo quando nem percebemos. E crescemos.

Calma, não é loucura (afinal, o que é loucura?), é apenas uma outra maneira de ver nossa escola da vida. "Somos todos as pessoas possíveis". Outro grande conceito para nossa paz.

Como já disse a você, meu papel com este Programa é provocar (sem parar). Então, agora me enxergue não mais apenas como um livro, mas como mais um relacionamento. Seja meu anjo e eu serei o seu.

Escolha momentos especiais para ler essas folhas até o final; aproveite muito bem cada assunto; faça desse modo do início ao fim, no entanto, pare de vez em quando para "descansar a mente". Porém, não deixe intervalos muito grandes, não largue o livro por muito tempo em uma prateleira. Acredite, até o pó que o cobrir poderá se tornar ouro. No entanto, quero todo esse ouro dentro de você. Não jogue nada fora, nenhuma informação, mesmo que às vezes não lhe agrade – tudo na vida é aproveitado e há um porquê. Existe uma lógica importante a seguir, para você exercitar, compreender e se encantar.

Os capítulos quase que conversam entre si, em uma soma crescente de informações. Leia mais de uma vez um capítulo que chamou a atenção, questione, duvide, anote cada reflexão e até mesmo *insights* que surjam nos momentos mais inesperados. Prepare-se para uma quantidade gigante de conhecimento esparramado ao longo dos oito temas do Programa. Não perca nada, foi tudo feito pensando em você (estou pensando em você agora que escrevo, e sempre). Torcendo por sua paz e felicidade.

Esqueça o mundo por alguns minutos, conceitos, preconceitos. Abra-se para o novo. Não estou pedindo para largar o que pensa, apenas para olhar um pouco e com coragem por algumas outras lentes. Depois volta para a sua, se ainda quiser. Pode ser que algumas "coisas" no caminho se tornem mais coloridas e visíveis.

Sempre que lemos, vemos, ouvimos algo que nos causa boa surpresa lembramos de pessoas que amamos e então queremos que tenham a mesma grande experiência. Sim, amamos e desejamos o bem para os outros. Em palestras muitas vezes peço para que casais sentem separados. Por quê? Porque há uma tendência natural de ficarem o tempo todo tentando saber se o outro ouviu, entendeu e, pior, um cutuca o outro e diz assim: - "Viu"! - "Viu"! Desse modo, sabe o que acontece? Em vez de aproveitarem ao máximo, esquecem de si mesmos e dos objetivos de estarem ali. Verdade! Oriento minhas pacientes a lerem um capítulo do livro para os maridos e no dia seguinte eles leem outro para elas. Aconselho que em cada parada conversem sobre o que pensaram, debatam, mas que fiquem focados apenas no que entenderam. Desse modo, o anjo vivo em cada um deles se encarregará de ajudar ambos a entenderem e crescerem cada vez mais, em amor. Essa indicação também cabe entre pais e filhos, irmãos, amigos... grupos, por que não? Já pensou transformar essas experiências em grupos de estudos? Igrejas; comunidades terapêuticas; clínicas... Apenas uma ideia. Bem! Eu criei um jogo. Mas vou apresentar mais tarde as regras, apenas adianto que será uma experiência fantástica para exercitarem as opiniões em cada etapa do Programa.

Independente de qualquer coisa, os valores do Programa acompanharão você durante toda a jornada. Também estarei ao seu lado o tempo todo. Em cada palavra, em cada linha, em cada intenção.

Valores como "acreditar", que é possível, que está tudo certo sempre...; "compreender" a si mesmo, o outro, os fatos e a vida; "ressignificar", sim, pois se acredita e compreende, um novo significado surge imediatamente na mente e restará fixado na memória; e, por fim, "fazer novas escolhas".

Em cada um desses valores do Programa SUPERCONSCIÊNCIA/ FAMÍLIA DO FUTURO mora uma intenção, assim como um sempre levará ao outro. Navegue por todos os capítulos com os olhos no horizonte. Quando perceber, verá aqueles que você ama bem ao seu lado. Mesmo quando eles não estejam ou nem mesmo desejem mais estar ali. A vida faz os próprios caminhos. No entanto, vale sempre saber, como anjos uns dos outros, você nunca estará só.

CAPÍTULO V

LUCY, LUZIA 1.0 E LUZIA 4.0

O crânio humano mais antigo encontrado na América do Sul, com cerca de 12 a 13 mil anos, é o de uma mulher que morreu com aproximadamente 23 anos de idade e foi batizada de Luzia pelos paleontólogos. Esse achado reativou discussões teóricas sobre a origem do homem americano. Para ser determinado como o crânio de um *homo sapiens*, e não de outra espécie, precisou apresentar características de identificação comparada positiva. Isto é, era de fato uma mulher humana. Eu a chamei de Luzia 1.0.

Semelhante à Luzia foi a descoberta de Lucy na Etiópia, nossa origem ancestral. Segundo estudos, um fóssil bem mais antigo, com 3,4 milhões de anos, apresentando características muito semelhantes às humanas e já diferente dos macacos. Um *hominídeo* do sexo feminino.

Qual a minha intenção em trazer aqui essas duas mulheres?

Não se sabe ao certo como eram os cérebros dentro daqueles crânios tão antigos porque neles restaram apenas as marcas dos giros cerebrais que ali estavam protegidos pela calota óssea. Muito menos conhecemos o que Lucy ou Luzia pensavam (com aquelas massas de neurônios).

Mais de três milhões de anos é muito para o nosso tempo na Terra, porém, "pouco" para a evolução humana apresentar diferenças significativas. Dizem que, se encontrássemos uma criança da época de Luzia 1.0 e a educássemos bem, poderia se desenvolver aprendendo diversos idiomas, lógica, matemática e outras habilidades, com resultados muito semelhantes à educação que pretendo dar para a minha filha, hoje com quatro anos de idade. Quanto a Lucy e os filhos dela, tenho minhas dúvidas, pois, há milhões de anos, ainda falta uma parte importante do cérebro. Iniciava-se com ela o desenvolvimento do lobo frontal.

Observando a testa da Lucy (e de outros primatas) podemos enxergar uma obliquidade para trás, a testa é "deitada" porque ainda não há essa massa cerebral que chamamos de lobo frontal. Por isso comportamentos apenas primitivos em desenvolvimento. Já a testa da Luzia 1.0 cobre um cérebro bem desenvolvido. Arredondada e projetada para a frente (em comparação a Lucy, algo se desenvolveu ali). Milhões de anos para a natureza construir um *cockpit*, local para sentar um piloto treinado para conduzir a humanidade pela vida, dando perfeita direção de voo (faltava apenas aprendermos a pilotar).

Para dar respostas do porquê dessa minha "brincadeira antropológica", quero apresentar a você Luzia 4.0, como batizei a mulher atual. Apensar do longo tempo entre as duas mulheres mais recentes – 12 mil anos – elas carregam cérebros muito semelhantes naqueles crâneos, no entanto, pensamentos e culturas muito diferentes. Afinal, hoje compramos bolsas em lojas e em épocas passadas provavelmente cada mulher montava uma bela sacola e o que carregavam ali deve ter mudado drasticamente até os dias de hoje. Lucy, penso que (ainda) não usava bolsa.

Deixando as brincadeiras de lado, vamos ao que interessa. Muitas funções cerebrais, nossas e de muitas outras espécies animais, são praticamente as mesmas. As tarefas mais parecidas referem-se à proteção e à sobrevivência e ocupam circuitos em áreas neurais ditas inferiores, próximas à base do crânio, agrupadas em núcleos com metas específicas. Calma! Explico.

Enquanto você lê essa página perceba que está respirando, que às vezes respira mais fundo, que..., enfim, sem você se dar conta, isto é, de modo inconsciente (primitivo) seu corpo calcula a necessidade de oxigênio e inspira mais ou menos ar. Lê algo que te deixa nervoso, precisa se proteger, pronto, acelera e aprofunda imediatamente a respiração porque precisa de mais ar (produção de energia para o combate). Simples assim. Do mesmo modo funcionam os controles sobre o coração – a frequência das batidas cardíacas; assim como o suor do seu corpo para controlar e diminuir a temperatura; milhares de funções orgânicas em diferentes aparelhos – urinário, intestinal... tudo controlado pela base do cérebro (esse mesmo que deixou marcas nos crânios de Lucy e Luzia), e o faz sem seu consentimento.

Sim, você consegue segurar a respiração e lutar contra sua sobrevivência, mas é impossível manter tamanha idiotice. O corpo não quer morrer e em pouco tempo te arranca dessa "tentativa de suicídio". Ele manda em você. E você obedece (sem pensar) em muitas situações que nem imagina. Essa parte do cérebro também é chamada de cérebro reptiliano, por ser comum aos nossos amigos rastejantes.

Em uma porção pouco mais acima, a natureza desenvolveu outra área específica (ou áreas) destinada a produzir e demonstrar emoções. Esse foi um magnífico ganho estratégico de defesa elaborado pela biologia, afinal com emoção (medo) você correrá muito mais para fugir de uma fera, de uma pedra rolando em sua direção ou sair do próprio lugar buscando uma caça ou sexo (agora com entusiasmo e alegria).

Fato! Um cérebro primitivo especializado em sobrevivência.

Não se sabe ao certo quando começamos a tomar consciência disso tudo. Consciência da vida e, porque não, da morte. Mas aconteceu. Um nível de consciência básico central, mais elevado que o inconsciente, já capaz de provocar os primeiros pensamentos, distanciando-nos cada vez mais dos instintos. Provavelmente uma certa confusão entre núcleos inconscientes da base cerebral, emoções (à flor da pele) e pensamentos diferentes produzidos por essas emoções. Tente imaginar: Medo! Corre, foge! Nem sabe ao certo o que pensa. Nossa! Não precisa pensar. Corra! Muito semelhante a algumas situações que acontecem hoje, todos os dias, a todo momento.

É verdade que tais pensamentos, pouco a pouco e mais bem organizados, permitiram ideias elaboradas e determinantes para as tomadas de decisões: - "É perigoso para mim? Simples! Mata, destrói..., afasta". Tudo ainda (e sempre) pela sobrevivência. Decisões baseadas nas emoções. Imaturidade justificando violências de hoje.

Além do medo, escolhas baseadas nessas emoções são passíveis de trazerem também raiva; tristeza; angústia; ansiedade; depressão etc. Sim! Você está certo. Também podem gerar alegria. Claro. Uma decisão sustentada pelas emoções faz você trocar de carro, apartamento, companheiro(a)..., comprar uma chácara, um barco "maior". E fica feliz! Por um tempo.

Decisões baseadas nas emoções geram alegria fugaz. O *marketing* sabe muito bem disso e aproveita ao máximo (da nossa primitividade).

Um dos maiores motivos de endividamento pessoal e familiar. "Puxa! Mas aquele carrão lindo, vermelho, com aquela logo lustrada e aquela mulher lindamente sentada ali na direção..., imagine ela sentada no banco ao lado e 'eu' na direção..., como 'eu' não poderia comprar?"

A pergunta que não quer calar:

- Quem é este "eu". Seria "eu" mesmo ou um mundo de necessidades primitivas e ninguém sentado no "lobo frontal de comando"?

Entende agora por que todo corrupto (infantil) quando é desmascarado precisa devolver carrões, palacetes, aviões, joias... tudo o que um cérebro imaturo mais deseja para sentir (emoção) algo que poderia ser de outra maneira. "Desmascarados" porque usam máscaras, nada ali é real. Símbolos nada mais são do que nada. Apenas símbolos.

É real, há um nível de consciência em um patamar pouco mais ampliado, acima do central mais primitivo. Porém, ainda conturbado. Confusão permanente entre frequência cardíaca e sudorese; emoções; e o pensamento muitas vezes caótico e não direcionado.

Ok! Vou comprar (o que não preciso)!

Então vamos logo ao nosso destino.

A natureza foi legal com a gente (com a humanidade). De uns bons milhares de anos para cá, diferente de todos os outros animais, desenvolvemos uma região anterior do cérebro, por isso mesmo chamada de lobo frontal. Ainda não é a nossa liberdade, mas um passo gigantesco na direção dela. Tal região se tornou responsável por planejamento estratégico e visão de futuro. Somos os primeiros animais na Terra a, conscientemente, pensarmos em uma viagem, planejarmos tudo o que precisamos para cumpri-la, colocarmos em prática e, definitivamente, chegarmos lá com grande chance de sãos e salvos.

Alguns animais fazem roteiros até maiores e mais complicados, contudo, nunca com "planejamento", mas instinto. "*Vamo*", diz (o instinto) um para o outro. "*Vamo*", responde o outro. E saem voando com o corpo respondendo a sinais eletromagnéticos da Terra para "saber" o caminho. E voltam, e vão, e voltam... Nós decidimos quando; por quê; como; com quem; quanto dinheiro levar; roupas necessárias (e não necessárias); comida; onde ficaremos... Tudo por conta do lobo frontal.

Mas, espere. Isso ainda não significa maturidade. Nosso objetivo maior. Maturidade é uma conquista apenas permitida pela **inten-**

cionalidade. É o que iremos demonstrar e treinar durante todo desenvolvimento dos oito temas do Programa **SUPERCONSCIÊNCIA/ FAMÍLIA DO FUTURO** para que as nossas decisões passem a ser as mais acertadas do Universo. Não precisamos de máscaras (acho que este é o parágrafo mais importante que eu já pensei e escrevi na vida – o Universo espera ansioso esta ação, de todos nós, para seguir a evolução).

Se a lista de sentimentos que colocarei a seguir (logo descreverei para você diferença entre sentimentos e emoções) não for frequente em sua vida, há uma grande chance de você estar vivendo, sem saber, apenas nos níveis de consciência primitivos, central ampliada, e fora da consciência avançada, a qual chamaremos a partir de agora com a **SUPERCONSCIÊNCIA**. Além da alegria, como está sua gratidão; serenidade; confiança; esperança; orgulho; inspiração; impulso; perdão e amor? Caso a resposta seja incerta, ou tenha que se esforçar para encontrá-las em você, acredite, "é urgente olhar para isso com coragem". É a melhor ferramenta para você saber que é absolutamente possível crescer, mudar de patamar, saltar para uma vida bem mais positiva. Sair definitivamente das armadilhas do medo, "das terríveis certezas" e das decisões baseadas muito mais, às vezes apenas, nas emoções.

Vamos combinar, o mundo será muito melhor depois de mais pessoas conhecerem a fundo esse Programa.

Desde a Lucy, passando por Luzia 1.0 chegando até hoje, usei dessa estratégia mental para demonstrar que muito pouco mudamos, na escala de tempo humana, porém, mudamos.

Mais importante que isso, temos muito ainda pela frente.

E quando afirmei que os filhos da Luzia 1.0 tinham já um cérebro capaz de aprender coisas do nosso mundo, hoje, vamos olhar para o nosso cérebro e entender que podemos (e devemos) agora aprender sobre o mundo de amanhã. A natureza tem uma promessa evolutiva para todas as espécies. E nós apenas estamos à frente.

Filogenética é o nome dado ao estudo do desenvolvimento das diversas espécies, desde os seres mais primitivos até chegar a Lucy e logo depois até nós. Como já delatei que construímos um cérebro reptiliano – a base; sustentamos nele o sistema límbico – emoções presentes e funcionando bem em diversos animais; daí para todo o restante do sistema nervoso central, áreas occipital, temporal, parietal e, finalmente, apenas em nós, humanos, o lobo frontal, responsável pelo planejamento estratégico e a visão de futuro.

Agora, atenção. Há também outra evolução em um tempo visivelmente mais curto. A Ontogenética.

Estuda o desenvolvimento de um ser desde embrião até as fases maduras. Em nosso caso, observe um recém-nascido, ele é basicamente primitivo – mama e dorme. Ele também demonstra todo o seu límbico "berrando bastante" por sobrevivência – comida e mamãe. Todos os lobos vão se desenvolvendo pouco a pouco. Occipital, onde preferencialmente se formam as imagens visuais – um neném consegue enxergar melhor apenas ao redor de seis meses de vida. E segue com todos os outros lobos cerebrais. Equilíbrio para sentar-se, caminhar..., depois falar..., assim por diante. Não é por nada que o último lobo a se desenvolver é o frontal. Do que ele é capaz?

Planejamento estratégico e visão de futuro. Começa a dar as cartas ao redor dos dezesseis anos de idade, quando um vestibulando, aproximadamente em julho, passa a "se dar conta" que haverá um vestibular em dezembro. Logo falaremos um pouco mais sobre "a idade da razão", que hoje, neste mundo acelerado e confuso, nunca chega para a maioria – afirmação minha, desculpe.

Qual o objetivo da natureza para todos nós?

- Sermos capazes de planejar e ter uma ótima visão de futuro.

Qual o papel assumido por este Programa?

- Ajudar a natureza nesse processo.

Vamos conseguir?

- Só depende de você, minha parte está feita.

Em tempo!

Eu também tenho muito a aprender.

Tenho meus medos e desafios.

Apenas divido com você o que vivi até agora.

Por quê?

- Para não seguir adiante sem você.

CAPÍTULO VI

A Carruagem e o Cocheiro

Certo dia eu estava assistindo um filme antigo, ainda em preto e branco, quando índios começaram a caçada a uma carruagem. Era um "carro" muito bonito, com oito cavalos, dois a dois, puxando à frente, deixando uma gigante poeira para trás. A cena toda era interessante, aquela música alta e rápida, para aumentar a emoção, porém o filme muito chato e meu cérebro imediatamente começou a voar.

Rodas saltando em buracos, chão duro..., foi quando imaginei a primeira comparação. O cérebro primitivo deve ser como as rodas de uma carruagem reagindo imediatamente a todo e qualquer buraco ou pedras pela estrada. Elas não pensam, apenas reagem para sobreviverem àquela corrida. "Aos solavancos da vida". A cena mudou à minha frente e mirei para os cavalos em disparada. São as emoções que arrastam todo o "sistema", pensei. Puxam para todo lado trazendo o carro para onde e como decidirem ir. O carro que se... adapte. Há uma expressão inglesa que diz: *"Hold your horses"*, "segure seus cavalos", para que as pessoas "controlem as próprias emoções". Importa aprender sobre cérebros primitivos e emoções?

Não demorou aparecer a cena com as pessoas que estavam dentro do carro. Eram quatro. Brilhavam os olhos da donzela, excitada e animada com a correria e possibilidade de ser salva pelo herói da história (ela, vivendo o presente). Ao lado, a mãe, com a face de pavor imaginando que em breve teria seu "escalpe" arrancado pelas grosseiras mãos de um indígena sujo e violento (imagem do futuro). Um senhor com mais idade parecia descansar no banco à frente delas, agindo como se nada estivesse acontecendo, afinal, era experiente o suficiente para saber que a boa relação que mantinha com os índios livraria a todos de um "problema maior" (estava indiferente). Um último personagem rezava e falava sem parar que não deveria nunca ter saído da cidade de onde estava (oh! O passado...). Alegres iludi-

63

dos, pessimistas, otimistas, indiferentes..., cada um olhava a cena a partir de **uma diferente perspectiva**, com um nível de consciência e conhecimento distinto. Todos sentindo o sacolejar frenético da carruagem (primitivo), mas com diferentes emoções (límbico) e sentimentos (pensamento sobre as emoções).

Em todo esse parágrafo anterior escrevi sobre as diversas áreas cerebrais: reptiliano; límbico; consciência central; consciência ampliada – imagens mentais do que poderia acontecer. Avalie a confusão entre tantos pensamentos (erráticos).

Antes de seguir, e como prometi, atente:

- Emoções são como o *software* (programa) que roda no *hardware* (cérebro). O cérebro é o equipamento, as emoções são os programas que ali são "lidos".

- Sentimentos é o que "sentimos" de acordo com as emoções. Diferem delas porque são variáveis, de acordo com a perspectiva (e loucura) de cada um. Podem ser bons ou ruins, agradáveis ou não.

Você tem medo e não gosta de filmes de terror, pois bem, muita gente gosta, verdade? Ali mesmo na carruagem – dentro do nosso cérebro – demonstra-se claramente a **subjetividade** de cada personagem. Pensamentos levando a diferentes emoções e "diversos" sentimentos.

Índios perseguindo uma carruagem podem gerar medo em alguém, indiferença em outro, excitação na mocinha..., enfim, somos muito complexos para julgarmos uns aos outros (alguém já disse isso há uns dois mil anos – deixemos isso para o último livro do Programa).

Nossa subjetividade, a maneira individual como vemos o mundo, é guardada a sete chaves na memória (primitivo), por isso repetimos padrões (inconscientes). Precisamos urgentemente "encontrar as sete chaves". E vamos.

A subjetividade, portanto, é uma história construída o tempo todo, uma narrativa absolutamente individual, ficcional. Então, pode-se concluir que se cada um tem uma maneira de ver e viver a vida, essa, a vida, tão cara para todos nós, NÃO É REAL.

A vida segue, e o que vemos nela?

- Ilusão, ficção.

Porém, porém..., há um caminho real, verdade?

Até aqui neste capítulo não consideramos uma parte fundamental do nosso cérebro. O cocheiro – nosso lobo frontal. Ele também sacode, pulsa o coração, mas é quem "segura os cavalos", conhece os diferentes caminhos, sabe o tempo, a distância, as possibilidades..., porque o tempo todo faz "Planejamento Estratégico e tem Visão de Futuro", mesmo quando surgem índios pela frente tentando matá-lo e devorá-lo. Como ele faz isso, nosso cérebro (e o cocheiro)? <u>Sempre com a inteligência direcionada a novos pensamentos</u> – aprendeu a pensar, treinou pensar e agora está mais preparado e capaz de tirar todos de um destino cruel.

Este é o objetivo. Tornar todos capazes de se sentarem no lugar de comando da vida – aprender a treinar e usar o lobo frontal.

Contudo, só conseguirá (como todo herói de verdade faz) com controle do ego; vontade de servir e demonstrando entusiasmo, confiança e muita, muita ousadia. Afinal, o piloto, comandante, cocheiro..., seja quem você decidir nominar para este cargo, ele está muito mais perto do que todos da **SUPERCONSCIÊNCIA**. A evolução tão sonhada e desenhada pelo Universo: Você! Capaz, forte, poderoso, com os olhos sempre à frente e o coração explodindo com o sentimento de alegria.

Levando tudo isso em conta, nunca esqueça: - Sempre seremos, em diferentes momentos e situações da vida, como a donzela excitada e entusiasmada, a mãe medrosa..., o homem indiferente, ou aquele que só olha e reclama do passado. É normal "sermos assim", faz parte do aprendizado. O que não é normal para a natureza é ficarmos parados. Nunca podemos abandonar o caminho evolutivo para assumirmos definitivamente o lugar do cocheiro, comandante, piloto. Deus e o universo Dele esperam muito isso de nós.

E a velocidade para você "chegar lá" só depende da qualidade das suas próprias escolhas.

CAPÍTULO VII

Temos Um Problema

Estamos presos a um equilíbrio em nosso cérebro. Na verdade, às vezes (muitas vezes) presos a um desequilíbrio.

Espalhados por nosso cérebro existem diversas regiões conhecidas como Centros de Prazer e Recompensa. Uma magnífica estratégia biológica para neurologicamente identificarmos aquilo que nos faz bem e então queremos aproveitar, usar, buscar, abusar... ou não é bom, e assim precisamos evitar, fugir, lutar.

Todo estímulo (energia) vindo do ambiente externo é recebido pelos órgãos dos sentidos, como visão, audição, olfato, tato e paladar. Também existem sinais detectados pelas estruturas e órgãos internos. Nos dois casos, quer seja energia vinda de fora ou mesmo de dentro do nosso corpo, esses estímulos (mecânicos, químicos...) são imediatamente transformados em energia elétrica, levada por vias neurais (nervos) para tais áreas cerebrais de prazer e recompensa, onde serão avaliados, se bom ou ruim, perigosos ou não.

Se encontramos uma fruta em nosso caminho na natureza imediatamente somos atraídos para ela por cores e aromas (prazer), o que nos faz levá-la à boca, experimentar o sabor. Se agradar, tal experiência (informações) é guardada na memória o que fará com que procuremos novamente tal fruta. Geralmente, se agrada é porque faz bem e precisaremos dela por mais vezes. Nosso corpo encontrou nela algumas substâncias de que precisa para viver. Repito pela importância: são os centros de prazer e recompensa que avaliam se devemos buscar mais uma vez ou fugir dela (uma planta venenosa).

Tal característica biológica dura por toda a vida, em todos nós, e é fácil entender ser um dos principais fatores primitivos de sobrevivência. O encontro desses elementos na natureza gera emoção com sentimentos bons ou ruins, agradáveis ou não, o que facilita guardar na memória.

Lá na frente do cérebro está o lobo frontal, maduro a partir dos dezesseis a vinte e um anos de idade. É aqui que, por planejamento, visão do futuro e, finalmente, a razão, diz para você: "Pare! Chega de comer tal frutinha. Caso contrário, logo terá dores e/ou diarreia".

Importante pensar no futuro e planejar consequências, verdade?

No começo da juventude somos capazes de enxergar apenas um futuro muito próximo – planejar para o próximo final de semana, mês que vem... dali a seis meses no máximo. Mais tarde, mais adulto, podemos pensar na duração e consequências de um relacionamento de amor... a compra de uma casa para morar, um futuro mais distante. O lobo frontal amadureceu.

Por isso um jovem é "naturalmente" inconsequente, não tão responsável por atos que não puderam ser bem "planejados". É uma verdade neurológica.

O motivo para ninguém ser imputável pela Lei antes de dezoito anos de idade é biológico e verdadeiro. Um dado objetivo escolhido pelo Direito. A idade poderia ser vinte ou até mais, no entanto a Lei precisou determinar uma data para que alguém possa responder criminalmente por atos próprios. Um cérebro biologicamente apto.

Fica mais claro agora e a cada momento neste Programa a importância de desenvolvimento do lobo frontal como comandante com um olhar forte sobre o sistema límbico – emoções, essas muito poderosas diante da Razão. Uma briga e tanto.

"Essa força tão grande das emoções e da imaturidade torna por muitas vezes difícil segurar, recusar, negar... e passamos dos limites".

Se compararmos nosso cérebro com um computador e olharmos para a velocidade de processamento veremos que o lobo frontal trabalha a uma velocidade de processamento equivalente a 4 mil bits/s. Já, o nosso cérebro primitivo, responsável pelas emoções, viaja a 4 bilhões de bits/s. Quem ganha essa corrida?

Sim, é possível dominar as emoções (os cavalos) e, para isso, iremos lutar por nossa razão (o cocheiro).

Então, agora você compreende melhor porque é tão difícil recusar aquele último pedaço de pizza, que "olha para você com aqueles olhos de um gatinho triste e abençoado". Que nada! Você desce o garfo naquela pizza e nem lembra de gatinho algum.

Cérebro novo, conhecido como lobo frontal, trabalha em menor velocidade porque é uma estrutura que começou a ser formada aproximadamente há apenas 200 mil anos. Novíssimo para o nosso tempo da vida na Terra. O cérebro antigo, primitivo, já possui experiência de 3,7 bilhões de anos, quando a vida começou a procurar por sobrevivência – uma linda estratégia de Deus.

Portanto, há uma tremenda luta interna para alcançarmos a Razão colocando a Emoção sob controle e, desse modo, atingirmos um nível ótimo de maturidade.

A maioria das pessoas "gasta" a vida, perdem tempo, ainda com um sorriso bobo nos lábios com pensamentos e comportamentos imaturos. No entanto, há uma gloriosa batalha principalmente quando descobrimos que é possível conquistar a boa maturidade e a felicidade. Ela está ao nosso alcance.

Depois de encontrarmos a direção que devemos ir, basta "aprender com os cavalos" e permanecer para sempre no comando.

CAPÍTULO VIII

Motor e Sentido para a Vida

Vamos tirar aquele sorriso bobo dos lábios e colocar um bem mais poderoso, ao mesmo tempo leve. É importante encarar a emoção com o respeito e carinho que ela merece, afinal, está com a gente há muito tempo e para nos ajudar. Prazer e sobrevivência, as emoções lutam para nos manter vivos e saudáveis.

Do outro lado do cérebro vive a razão, criada pela evolução para "segurar nossos cavalos" e dar direção ao futuro. Luta e fuga de um lado, visão de futuro do outro. Ambos trabalham por algo que lhes fora ordenado. E é exatamente isso que ainda nos falta: ordem.

Eu, você, cada um de nós, a todo momento demonstramos nossa presença e identidade aos outros, por meio de características definidas como temperamento, caráter e personalidade.

O temperamento, como o próprio nome sugere, é o "tempero" daquele jeitão de ser, basta um olhar e sabemos reconhecer. Não há como mudar o quietão nem o alvoroçado. "Olha, lá vem o doido irrequieto, fuja"! Todos nós identificamos o sujeito que chega falando bastante, **entusiasta**, mexendo os braços para todo lado; assim como reconhecemos o sempre **tranquilo** sonhador que quase nunca sai da rotina e prefere nem se manifestar em relação ao alegrinho; ambos diferem de um terceiro, **brigão**, cheio de ambição e que quer controlar tudo, determinado, líder, mas geralmente "passa da conta" com toda impaciência do mundo; principalmente quando parte para cima daquele **tímido** que sempre prefere ficar sozinho porque tem a sensibilidade à flor da pele.

A ciência divide esses em quatro tipos e todos eles carregam em si comportamentos que podemos julgar como defeitos quando não controlados, por isso mesmo, possuem qualidades maravilhosas desde que aprendam a PENSAR. Aprender a pensar é o nosso maior objetivo.

Já o caráter descreve nossos traços morais, isto é, são características em nosso modo de agir, porém definido por **ESCOLHAS**, isto é, comportamentos que tomamos de acordo com o que PENSAMOS. Vai somando aí: tempero mais (+) o que faço por escolhas com esse tempero. Bom caráter, boas escolhas... muitas possibilidades. Mau caráter, más escolhas... muitas idiotices.

Na prática: o grosseirão não pode mudar o temperamento, mas pode escolher usar toda a energia para ajudar o grupo. Complica se fizer parte de um grupo de bandidos. Melhor será se formar um grupo para ajudar crianças na África. Sim! A vida vale pelo que pensamos e DECIDIMOS nos tornar, independentemente do temperamento.

Chegamos então, por fim, ao que chamamos de personalidade, que são os padrões de atitudes que apresentamos para a sociedade e para nós mesmos. É o resultado, a "mistura" de temperamento e caráter. Define em nós o padrão de agir e sentir. Fruto de um processo gradual, progressivo e absolutamente individual, afinal, cada um de nós tem experiências únicas na vida. A palavra tem origem no latim *per-sonare,* o som que atores "faziam passar" pelas máscaras que usavam nos teatros da Antiguidade, por isso o termo utilizado até hoje: "personagem". Em suma, é o que apresentamos de nós mesmos para o mundo. Nossa "melodia" individual.

Pergunto: o que você quer apresentar ao mundo... para si mesmo, para a família e para todas as pessoas que ama?

Vamos pensar?

Pensar é a razão impulsionada pelo motor da emoção. Não se abandona nenhuma das características, porém, o cocheiro (que até o final deste livro será transformado e ascenderá ao posto de piloto de jato) precisa treinar e aprender a "pilotar" a Razão.

Desse modo, melhores serão as decisões tomadas e os resultados "personificados" para o mundo. Quer sucesso? Assuma o manche, a direção da maravilhosa nave que é você.

Há um grande caminho na história natural do cérebro desvendada por pessoas especiais que, de certa maneira, pensaram diferente da maioria. São muitos, no entanto quero, para os objetivos do Programa SUPERCONSCIÊNCIA/FAMÍLIA DO FUTURO, falar um pouco sobre duas "personalidades marcantes":

- Freud, 1856 a 1939. Encontrou e dissecou para nós o inconsciente. O corpo pensante, motor que nos empurra adiante – libido, energia para garantir poder aos instintos da vida. Todos nós possuímos essa força propulsora fascinante, elaborada, construída e desenvolvida desde a origem do universo (e ainda não chegamos ao fim, se é que um dia haverá um *gran finale*). Se ainda tem dúvida disso, aguarde o último tema do Programa – VOCÊ, CIÊNCIA E ESPIRITUALIDADE – onde apresentarei essa trajetória humana para "provar", retoricamente é claro, que fomos feitos, com intencionalidade desde a origem, para dar certo. Inconsciente, motor propulsor para a vida.

- Viktor Frankl 1905 a 1997. Arrastado para um campo de concentração na "segunda guerra mundial" (insisto, nunca escreverei esse título guerra com letras maiúsculas como exigem livros de história), perdeu ali toda a família e as pessoas que amava. Permaneceu vivendo um inferno a cada dia. Fome, frio, assistia amigos correndo em desespero pelo pátio, implorando para serem alvejados pelas balas a fim de encerrarem o martírio, e eram atendidos pelos soldados, fulminados. Outros que se lançavam sobre as cercas elétricas também por não suportarem mais tanta dor e sofrimento. Foi testemunha das mais brutais afrontas documentadas contra a humanidade. Difícil imaginar ver uma criança ser afastada dos pais, maltratada, mutilada de todas as maneiras pela maldade de "mentes que não souberam pensar"..., e não ter o que fazer.

Sem nenhuma garantia, a única coisa que Viktor Frankl conseguia tornar realidade era PENSAR. Enquanto a emoção era massacrada pelo incêndio nos motores da alma, ele, como um grande piloto, sentou-se no *cockpit* do próprio lobo frontal, assumiu o manche, olhou à frente e pilotou o pensamento para o futuro. Dirigiu a imaginação com as energias que lhe restavam, levando com ele a emoção. Com visão e planejamento ele literalmente DEU SENTIDO À VIDA. Estava preso, em corpo e verdade, mas o pensamento não.

Portanto, temos agora um incrível motor, desvendado por FREUD, que precisa apenas de direção, tomada por Viktor Frankl, para que o todo não escape por caminhos que não merecemos.

Temos também em nós esses lugares privilegiados na mente: os motores do inconsciente e das emoções e uma central de comando, ansiosa para receber nossa ordem e direção – a vida agradece.

Freud chegou antes que Viktor, assim como na evolução biológica a emoção chegou antes da razão. A natureza não age sem objetivo. O universo, desde o princípio, flui dessa maneira. Estamos sendo construídos permanentemente e ainda não terminou (esta é uma boa notícia), assim como o próprio universo que se transforma a cada explosão de uma supernova. Nossos pensamentos são "supernovas" da alma.

Pergunto eu: o que ainda temos para descobrir em nossas possibilidades. Freud..., Viktor... Será que já existe entre nós mais alguém desvelando outras áreas cerebrais superiores? Porém, pouco faremos sem primeiro colocar ordem nessa escala de valores humanos já bem estabelecida. Acredito que aquela frase "de onde viemos, para onde vamos" passa a ter mais sentido quando passarmos a valorizar o "como iremos"? Ainda existem pessoas que apenas enxergam o "onde estamos" como se todo conhecimento construído até aqui pelo universo já fosse a verdade final. "Ah! Mas a Organização Mundial da Saúde disse, a OTAN, o FMI, a OCDC, a OAB, os Tigres Asiáticos, a Europa..., minha avó"!

Por falar em povos, vou deixar um pensamento a mais para reflexão. Freud e Viktor eram judeus. Mais tarde, no Programa, tentarei explicar uma tese, porque tantos judeus se destacaram e ainda se posicionam muito positivamente na história..., mesmo com os defeitos que todos nós carregamos. Sim, somos humanos. Paciência, eu disse depois. No tema SEXO, FAMÍLIA e SOCIEDADE.

Uma das qualidades previstas e apresentadas em nós na evolução do universo, importante demais para a sobrevivência, é a "busca" do outro, representada pelo semelhante, impulsionada pela emoção e direcionada pelo pensamento. Refiro-me à formação de grupos: bando, turma..., FAMÍLIA, entre todos, o grupo mais importante. É uma força primitiva em nós mantida pelos mais caros e profundos dilemas (necessidades) – são problemas enquanto não bem pensados. Sem piloto em nosso jato, trocamos pés pelas mãos produzindo brigas entre esses tantos grupos: torcidas, cidades, nacionalidades..., família. Sem bons pensadores vamos às guerras – lutas tribais. Sem piloto em nosso jato, brigamos mesmo com quem amamos. Loucuras entre irmãos, pais..., somos incapazes de compreender aqueles que mais amamos, magoamos sem cessar, enquanto o *cockpit* estiver vazio (corre lá, pilote sua alma).

Mesmo com todos os problemas acabamos por formar uma identidade, sempre em evolução, mas passível de ser reconhecida no tempero, caráter e persona. Conquistamos a individualidade tão desejada, autonomia e posicionamo-nos no mundo como seres únicos. No entanto, arrastando nas costas muitos problemas e desilusões. Curiosa essa palavra que significa perturbação na ilusão. Você quer viver com uma ilusão bem cuidada e, desse modo, assumir verdadeiramente a própria realidade?

Esse movimento de pertencer a um grupo leva-nos a muitas ilusões enquanto não olharmos à frente (como Viktor) e sofremos as consequências emocionais, por vezes inconscientes (como em Freud). Uma boa ideia é que possamos manter individualidade construída "a duras penas", mas nunca com isolamento. Isto é, de que adianta chegar ao auge se não estiver com você ao meu lado para apreciarmos juntos a magnífica paisagem? Que vale olharmos juntos para o futuro, eu e você, sem toda humanidade participando do maior desejo do universo para todos nós: nossa evolução permanente.

Qual a nossa escolha?

- Cooperação e direção? Ou nos mantermos nas ilusões e distrações, sofrendo muito ao longo do caminho?

- A dor é real, o sofrimento sempre é opcional.

CAPÍTULO IX

Despreparo *versus* Preparo

O que buscamos, afinal?

E o que encontramos no jogo frenético pela vida?

- Todos querem alcançar a felicidade, mas voam de um lado para o outro sem um comandante "lá na frente" do cérebro. Desse modo, não vamos encontrar bons resultados.

Prazer e recompensa... Sim! Mas, a que preço?

Nossas conquistas, o que conseguimos obter neste mundo (desde um pedaço de torta), elas entram direto pelos órgãos dos sentidos – o que sentimos, emoção... penetram fundo em nosso cérebro produzindo ali neuro-hormônios. Um deles se destaca, a DOPAMINA, hormônio do amor, ordem máxima na hierarquia do prazer e recompensa, o que nos fará voltar sempre (ao pedaço de torta) e sobreviver.

Por outro lado, a razão foi desenvolvida (ou deveria ser...) para que pudéssemos dizer:

- "Muito bem! Delicioso, mas já comi o suficiente. Obrigado"!

- "Sim, você é uma mulher que encanta a todos, mas estou muito feliz com a minha esposa!"

Vou traduzir essas e tantas outras frases desse modo (frases reais existem, não são apenas "coisas de filmes", são cotidianos da nossa vida): "Eu já tenho dopamina suficiente em minha vida".

Desejo intensamente que você produza seus hormônios cada vez mais. Essa é uma boa sacada. Dopamina não vem de fora, é produzida aqui dentro, por meio do pensamento – lembra-se do Viktor Frankl?

A felicidade já está dentro dessa cachola (leia e releia 10 vezes) e é você que eu quero comigo nessa escalada. Não estou no topo do mundo e do sucesso, e provavelmente nunca chegarei lá, pois não existe perfeição, mas um grande e delicioso caminho. Não é preciso topo para ser feliz.

Você não imagina a quantidade de dopamina que está inundando meu cérebro exatamente agora que escrevo para você. Ousadia, entusiasmo, determinação e, principalmente, intencionalidade – praticaremos isso e muito mais em outro tema do Programa: "Sonhos, Desafios e Expectativas".

Com o tempo a emoção da conquista se esvai e tudo passa a funcionar no automático. "Amorna" e então iniciamos novas buscas. Encontramos outras alegrias, capturamos para nós, e o cérebro recompensa.

Precisamos assim, e cada vez mais, de maiores estímulos para manter o prazer em alta. Um impulso que cedo ou tarde infelizmente superará a razão. Despreparados para um pensamento de maior qualidade, iniciam em nós vícios e carências.

Excessos são inevitáveis: compras, internet e tantas mídias sociais, traição, pornografa, crime jogo..., levando a obesidade, consumismo, corrupção, tranquilizantes, álcool, cigarros e outras drogas lícitas e ilícitas. As consequências emocionais são certas: angústia, tristeza, ansiedade, depressão, raiva, medo e a morte.

O que fazer (a resposta que vale todo o Programa)?

- Treinar a razão (na busca pelo infinito).

Modernos Programas de imagem cerebral que permitem mostrar um cérebro em funcionamento têm demonstrado a ativação das áreas da emoção, essas preponderantemente ricas em dopamina – hormônio do amor – quando estimuladas para isso. Tal imagem de ativação não é obtida em pessoas reconhecidamente tristes ou usuárias de drogas, obesas... Carecem esses de dopamina. Somos carentes de Amor.

Aprender com as frustrações é uma das primeiras aulas da natureza quando ela inicia o nosso processo de separação da mãe. Deveríamos estar acostumados a elas. Perdas são permanentes por toda a vida. Eu afirmo que são trocas (não cabe aqui esse aprofundamento, mas é uma grande vantagem olhar trocas em cada perda).

Se sempre viveremos perdas, importa aprender a perder?

Desapego, outra chance... chame como quiser.

Fato: perdemos algo. E, principalmente, por causa dos relacionamentos que todos nós escolhemos participar.

Desse modo, "treinar relacionamentos" impõe aprender perder (trocar).

Para qualquer coisa que eu quisesse incluir aqui nada fugiria a "treinar o pensamento" e, por último e não menos importante, desejar crescer. Uma vida rica em intencionalidade, isto é, nada que eu faça deve ser realizado sem uma forte intenção, direção, atenção e respeito. A mim e a qualquer outro que passe por minha vida.

Mas..., como educar as nossas emoções? Muito se fala em educar as emoções. Porém, como comparei, emoções são o *software* que roda em nosso *hardware* – um programa instalado pode apenas respeitar os próprios algoritmos e não mudar por si mesmo.

Contudo, o que instala o programa das emoções em nossa mente primária é o pensamento e ESSE SIM PODE E DEVE SER MODIFICADO para o nosso benefício. Treine o pensamento para melhor e sinta a emoção correspondente. Ressignificar.

Cheguei ao hospital para fazer uma cesárea previamente marcada, porém havia rompido a bolsa da gestante, o que tornou necessário antecipar o nascimento. Assim que troquei a roupa e entrei no centro cirúrgico, avistei de longe minha paciente sentada sobre a mesa de cirurgia, vestida com aquele avental próprio para o momento e ao menos duas enfermeiras ao lado dela. Parecia bem nervosa e todas falavam sem parar:

- *"Calma, calma, está tudo bem"*!

Ao que a paciente respondeu:

- *"Como tudo bem, não é você que será cortada daqui a um minuto"*.

Assim que entrei na sala, aproximei-me dela, baixei a máscara e falei, chamando-a pelo nome:

- *"Boa noite Helena! Sou teu médico. Estou aqui e não sairei do seu lado até que nasça seu bebê"*.

Ao me identificar contei para o cérebro dela, este que estava em defesa máxima, que eu era um conhecido, de confiança, o que imediatamente fez com que reduzisse um pouco o medo. Do mesmo modo, agiu a garantia que eu dei de que não sairia mais dali e iria resolver bem a situação.

Falar o nome dela Helena, aqui fictício, também ajuda muito. Todos nós gostamos de ouvir o próprio nome, traz segurança e identidade.

Logo perguntei o nome da criança, permitindo, desse modo, reascender uma emoção mais nobre e desejada, ainda olhando diretamente para ela, trazendo toda a atenção dela para mim, à nossa conversa e não mais para aquela situação.

Sem deixar cair a bola que agora estava em minhas mãos, olhei para o anestesista e disse:

- *"Sabe que este é o melhor anestesista do hospital, confirmo que não há ninguém mais cuidadoso e competente que ele"*! Desse modo trago ele para o lado dos conhecidos e reafirmo segurança. E completei:

- *"Claro que ele é o melhor, pois esse hospital só tem um anestesista"*. O humor é um excelente instrumento para distrair a atenção, já que enquanto falamos as coisas seguem acontecendo em direção ao desfecho esperado.

- *"Olhe para essas paredes, não há nenhuma diferença entre elas e as paredes do seu quarto"*. Desse modo a levo por alguns milésimos de segundo para um local seguro, por ser bem conhecido, e procuro igualar os dois.

- *"Apenas essa lâmpada está aqui em cima para podermos te ver melhor"*.

- *"Essas moças à nossa volta, passando por todo lado, todas estão aqui para ajudar você nesse momento tão importante para sua vida"*.

- *"Por falar nisso, onde está o maridão?* Claro que eu falei com ele na entrada, mas tudo ajuda a desviar o pensamento dela daquele medo inicial. A essa altura já está anestesiada, preparada e nem viu o tempo passar.

- *"Pronto! Parou de chorar, agora volte a chorar quando eu pegar esse nenê e colocar em sua face para você encher de beijo"*.

Reconhecer a emoção do outro ou aquela em si mesmo, medo; angústia; ansiedade; tristeza; raiva..., pois, é muito ruim você estar se sentindo mal e alguém só dizer "calma, calma, está tudo bem"! Não está, droga!

Você não diz "algo fez rodar esse Programa que está agora apertando o peito, como faço para desinstalar isso"?

"Estou com medo pô"!

Reconheça a emoção, respeite o que sente, e pouco a pouco "olhe bem nos olhos da emoção" e pergunte a Deus e ao Universo:

- "Por que estou sentindo isso"?

- "Onde está o ganho que terei e ainda não vejo"?

Acredite! Por mais grave que pareça e seja a situação, irá passar por ela. Que bom que possa fazê-lo da melhor maneira possível. De preferência com ajuda. Claro que é difícil demais pensar nisso no momento da dor. Contudo, com bastante exercício o fará com louvor.

"Reconheço a sua dor". Essa é a frase a ser treinada.

Só existem duas opções: fazer da maneira como proponho e sentir o abrandamento na própria carne ou deixar sempre como está, permitindo a emoção tomar as rédeas dos fatos inerentes e inevitáveis da vida.

Seria melhor não ter problemas, não passar por desilusões e perdas? A princípio pode parecer que sim, no entanto eu acredito que todos os fatos da vida estão ali como uma missão: forjar em nós o nosso melhor, a roupa mais bela, o maior sorriso..., para que um dia possamos nos apresentar diante de Deus e contar a Ele que sim, valeu à pena. Cumprimos o que Ele nos pediu em amor.

"Está tudo certo sempre"!

É a grande frase para incluir em nosso dia a dia. Já indiquei para você deixar no bolso, escrita em um pequeno pedaço de papel, retire e leia sempre que precisar. Amparada nos valores: <u>Acreditar</u> – que tudo está bem; em Deus, no universo; em nós mesmos; no outro; na vida...; <u>Compreender</u> os outros e os fatos que surgem à nossa frente todos os dias; <u>Ressignificar</u>, isto é, a partir do momento que eu acredito e compreendo, posso dar um novo significado ao que acontece e, por fim, <u>fazer novas e melhores escolhas</u>. Qual será o resultado desse novo pensamento? O que poderei trazer para a minha vida, para os outros e para aqueles que tanto amo? Repito aqui pela importância desse conhecimento.

Já contei que certa vez, assim que terminei um *workshop* no qual apliquei todos os temas do Programa SUPERCONSCIÊNCIA/FAMÍLIA DO FUTURO para menores em conflito com a lei, internados em diferentes centros do governo estadual, uma moça com aproximadamente dezesseis anos de idade aproximou-se e disse assim:

- *"Por que nunca contaram isso para a gente"*?

Pare para pensar um pouco mais nessa frase, assim como eu "engoli em seco" naquele momento. Será que ela e todos estavam ali internados por sofrer e fazerem muitos sofrerem apenas por que ninguém havia lhes dito "algo" antes? Agora a outra parte dessa história:

Levantou-se um dos cuidadores responsáveis por aqueles jovens e também falou:

- "Muito legal tudo isso Dr. Mas..., fazer o que agora?".

Tentei responder, mas no fundo saiu um tímido "não sei".

Por esse não sei decidi transformar tudo em livros, cursos e palestras gravadas para que todos possam acessar e treinar em grupo ou mesmo individualmente. Acredito muito no Programa e no potencial dele para cada um que participe.

Porém, não depende apenas de mim. Uma nova vida depende de cada um de nós. Depende também das suas escolhas.

E muitos exemplos maravilhosos seguiram acontecendo ao longo de todos esses anos (e espero que muitos mais).

Outro momento que me marcou foi um *e-mail* de uma moça também de pouca idade, no qual começava desse modo:

- "Agora entendi minha mãe".

E a maioria das pessoas que assiste minhas palestras afirma algo assim e de maneira bem semelhante:

- "Nunca pensei nisso desse modo".

Então eu mesmo repito:

- "Fazer o que agora"?

O que você acha?

CAPÍTULO X

Intencionalidade

Cheguei em casa num daqueles finais de tarde que de tanto trabalhar a gente só pensa em descansar, entrei quieto e, apesar de já estar escuro, notei uma carta diferente sobre a mesa. Abri logo. Era um convite para eu dar uma palestra em um dos maiores congressos mundiais sobre drogas. Esperava ser convidado um dia para esse grande evento e meu *software* mental da alegria imediatamente começou a rodar.

Assim que li com mais atenção, sumiu meu *software* mental referente à alegria e entrou no lugar o do medo, surpresa, algum toque de raiva, talvez...Título da palestra que caberia a mim: "SÍNDROME DE ABSTINÊNCIA DE DROGAS NO BERÇÁRIO".

Imediatamente pensei: não sou pediatra, muito menos neonatologista, intensivista, berçarista... nunca tratei desse assunto, não sei nada sobre nenês convulsionando por falta de drogas..., nem uso e nunca usei drogas..., e muito mais. Era o meu cérebro primitivo envolto em emoções e surpresa. Neurônios se debatendo, melhor dizendo, uma consciência ampliada, no entanto, bem longe daquela que eu propago ser dona do próprio nariz, a SUPERCONSCIÊNCIA. Eu, o piloto de jato, atônito com minhas turbinas apagadas por alguns longos segundos.

Não demorei para tentar ordenar meus pensamentos até porque queria de fato participar. Vamos pensar. Piloto! Volte para a cabine!

A pergunta que sempre importa fazer:

- "O que há de bom aqui que eu ainda não estou enxergando"?

Meus olhos passaram pela frase "Prevenção na Família", bem, pensei, essa é minha área. E se o desafio está posto, vamos ver o que há de informações a mais por aqui.

Abri meus livros de clínica médica e psiquiatria e vamos nessa.

Após revisar questões básicas, e sem ver onde me apoiar, fui buscar trabalhos mais recentes em *sites* médicos na *internet* e encontrei um deles que me chamou muito à atenção: "Síndrome de Privação Neonatal".

Esse estudo científico do **The New England Journal of Medicine** já me agradou no primeiro assunto levantado, a necessária mudança de nome para a síndrome. Uma criança não tem abstinência, afinal ela não se abstém das drogas, nem sabe que está adicta, ela é privada. Daí, "Síndrome de Privação". Mas, somos privados de quê mesmo?

Parti logo para a definição ali encontrada: "*Quadro clínico em neonatos que foram expostos a diversas substâncias/consumidas pela mãe durante a gestação/e se tornaram fisicamente dependentes devido à interrupção ao nascer*".

Verdade, tratamos aqui de nenês; expostos anteriormente a diversas substâncias, usadas pela mãe na gestação; e se tornaram **fisicamente dependentes** no momento da interrupção.

Estranhei o uso do termo "fisicamente dependentes", pois são dependentes químicos! Tem uma mensagem aqui, pensei, vamos seguir a leitura do trabalho.

Benzodiazepínicos, barbitúricos, anfetaminas, opioides como heroína, morfina..., cocaína, álcool e nicotina. As opções terapêuticas para a criança no berçário em relação ao uso de medicamentos seriam repor as drogas em questão, reduzindo-as paulatinamente, ou medicamentos similares a elas como metadona ou buprenorfina.

A surpresa começou a se apresentar quando cheguei na parte de opções terapêuticas não medicamentosas. Lá estavam, o suporte nutricional. Claro! Dar comida boa para o "bichinho". Mais do que apenas alimentar, oferecer líquidos, energia e condições de vida. Em um segundo parágrafo, amamentar. Claro! Em minha cabeça amamentar não apenas significa nutrientes perfeitos para a criança, mas... Afeto. Produção endógena (interna) de dopamina e ocitocina, hormônios do amor e de ligação entre mães e filhos.

Se a surpresa havia alçado voo, no último parágrafo referente ao tratamento clínico, desceu como um raio em minha cabeça:

- "Aconchego". Abraçar os neonatos.

Os pesquisadores contrataram pessoas para abraçarem as crianças o máximo de tempo possível. Como resultado desse trabalho obtiveram menor severidade dos quadros nesses nenês, menor necessidade de utilização de medicamentos e, por fim, observaram um tempo bastante reduzido no período de internação, economizando muitas libras e trazendo mais alento para as famílias.

Então, retornei à definição!

Agora compreendi melhor a confirmação do que há tanto tempo eu apregoo: somos "fisicamente dependentes". Abraços curam.

Lágrimas são frutos de reações químicas, abraços intencionais são gigantes leis físicas para acalmar a alma. Abraços, aconchego, compreensão, perdão..., grandes produtores daquilo que mais falta àquele que busca nas drogas o suporte para a dor. Ocitocina, dopamina.

Prevenção no berçário?

- Minha proposta no congresso:

- Abraçar as mães gestantes, até antes de elas engravidarem, mesmo antes de elas nascerem. Abraçar os pais dessas mães-mulheres-grávidas que trarão para o mundo uma criança com nova mentalidade e SUPERCONSCIÊNCIA, simplesmente porque os pais foram treinados em amor. Ocitocina e dopamina. Vamos abraçar as famílias?

Uma frase para nunca mais esquecer:

- *"Prevenção é algo que acontece mesmo antes do nascimento da mãe"*.

Ouvi de muitos que foi a melhor palestra de todo Congresso. Bem, na verdade, e como sempre nos toca aquilo que mais precisamos ouvir, provavelmente tenha sido a melhor para aqueles corações que foram ou não alcançados por bons abraços, ao longo da vida.

Deixe-me contar aqui outra história sobre "abraços".

Fui dar uma palestra para casais, "Amor, Cérebros e Escolhas", a terceira do Programa, para um grupo católico em uma cidade do interior. Foi muito bom. No final, momento das falas e perguntas abertas para todos, um senhor bem alto, moreno, com cara de paizão querido – ele era muito grande, provavelmente também na alma – levantou-se e de modo muito educado pediu para falar. Disse que fazia parte de um grupo de ajuda para drogadictos e que nos 12 passos, fundamentais para o tratamento, sempre se abraçavam e aquilo também era muito terapêutico.

Concordei com ele e pedi para, caso concordasse, subisse ao palco para me mostrar como era o abraço. E ele veio e me ensinou. Apenas um abraço em uma obliquidade do tronco para o lado esquerdo, o que não estamos acostumados, pois ele disse que desse modo importa tocar coração com coração.

Maravilha, concordo. Contudo, foi um abraço tímido, um toque leve, rápido e com aquelas habituais batidas nas costas com as mãos.

Eu sorri, olhei para a plateia e de volta para ele e perguntei se poderia mostrar como poderia ser um abraço que nos fizesse explodir em endorfinas. Ele aceitou e eu iniciei assim:

- Vem cá meu amigo! Disse eu com um sorriso nos lábios, o que demonstra sinceridade. Abracei de modo com que a obliquidade fosse a convencional mesmo, pois é mais facilmente reconhecida pela maioria das pessoas e isso faz com que não se disperse a atenção no movimento. Porém, disse enquanto o abraçava: movimento lento, devagar e um abraço forte, não para quebrar a costela, digamos, um abraço firme e sustentado, sem balançar o corpo para todos os lados e muito menos aqueles tapinhas nas costas.

Aqui ele perguntou por que não "os tapinhas" e eu respondi:

- Sabe a origem daqueles "tapinhas" nas costas?

- No passado, quando os mercadores se encontravam no deserto ou mesmo nos pequenos oásis pelo caminho, sorriam, aproximavam-se do "desconhecido" e, por segurança, abraçavam-se e os tapinhas nas costas eram para verificar a presença de alguma adaga escondida, o que fará aquele o último encontro, a perda da vida e de toda a mercadoria. Adagas não encontradas, fechava-se o negócio.

- Bem respondeu ele – até pelo que já havia escutado na palestra naquele dia – prefiro dopamina a adrenalina. Pois é.

Pedi para ele para repetirmos o abraço para "treinar". E foi perfeito. Demorado, talvez um minuto, sempre respeitando a insegurança e o "destreino" de todos nós em relação também ao contato corporal. Sabe aquelas pessoas que se abraçam no tronco com os braços esticados e a cintura "a dois metros de distância" por medo? Pois é, de novo.

Ainda, nesse segundo abraço, disse a ele em tom bem suave. Deus te abençoe; Ele ama você.

Pois o grandão se pôs a chorar..., parece que precisava mesmo de muitas endorfinas. Sim, muitas pessoas dão amor aos outros, dão, dão, dão tanto que esquecem de recarregar. Esquecem de si mesmas, sem se dar conta disso.

Acabaram ali as perguntas. Formou-se uma fila para subir ao palco para "aprender" a abraçar. E eu disse a mesma coisa para cada uma delas, e entreguei minhas endorfinas. Ali também aprendi.

Este trabalho com as palestras e todos os temas do Programa SUPERCONSCIÊNCIA/FAMÍLA DO FUTURO são hoje a minha maior fonte de dopamina (ocitocina, anandamida...).

Saí daquela cidade inteiro e sorrindo até voltar para casa.

Eu conheço os pés da minha filha, hoje com quatro anos. Desde o nascimento eu olho para eles e imagino por onde irão caminhar. Adoro a autonomia que ela vem demonstrado e desenvolvendo, principalmente aquela que um dia tornou a mim mesmo capaz de dizer não para as drogas, nos meus 14 anos. Não sei o que irá acontecer a ela. Não tenho esse poder. Mas tenho o poder das escolhas que faço em meu relacionamento com ela, do tempo de qualidade que passamos juntos, tomando o "chazinho matinal com o papai", todos os dias, um dos nossos melhores rituais criados por nós dois (na verdade, por ela); as brincadeiras na escada em casa; os pulos na cama; no chão admirando as casinhas que ela monta e as pinturas que faz. Importantes são também os limites dados quando um comportamento pede castigo, o saber o que fez de bom e de ruim..., aquilo que não deve repetir. Limites que ela aprenderá a dar aos outros e às escolhas ruins de muitos.

O amor de casal, sempre demonstrado por mim e por minha esposa, quando, por exemplo, dançamos à frente dela e ela quer "se enfiar no meio" para estarmos todos juntos, na mesma música, na mesma emoção. Os desenhos de qualidade, tintas pelo chão (e paredes, sofás...), os jogos, corridas com gritinhos de felicidade que promovem amor, ao mesmo tempo que muita energia e gentileza.

Enfim, eu e a mãe dela estamos fazendo nossa parte (nunca perfeita) para que um dia ela possa, mesmo sozinha, dizer um grande não para as drogas e um sim para tudo o que é belo na vida. Atos permanentes e intencionais de amor para que lá na frente, um dia, a nossa neta não precise sofrer de "Privação de amor" no berçário. Somos os pais possíveis. Em uma vida cheia de escolhas.

CAPÍTULO XI

Todos Juntos

Entre tantos pensamentos que fazem parte do Programa SUPERCONSCIÊNCIA/FAMÍLIA DO FUTURO, dois deles tomam grande proporção para o assunto que traremos agora, sintetizados em duas frases: A primeira, e considere sempre, *"Um mundo melhor a partir de você"*. A segunda frase, para alcançarmos sucesso, descansa no desejo e esforço para *"Tornar simples o que é muito importante"*, cuidado absolutamente válido não apenas para que nossas ideias sejam assimiladas por todos, incluindo os mais humildes, mas também porque até pessoas que carregam elevado padrão acadêmico se encantam ao perceberem melhor os fatos quando são tratados com o respeito e a pureza da simplicidade possível. Ninguém será deixado para trás.

Prevenção é antecipar-se aos problemas da vida por meio de ações de fortalecimento. Quanto mais forte eu for, menores serão as dificuldades, não poucas vezes elas se tornam ínfimas, até desprezíveis.

Contudo, de que adianta eu me fortalecer e deixar alguém de lado? Qualquer pessoa? Compreenda que esse pensamento não é apenas uma questão moral, mas de inteligência estratégica. Porque **sempre seremos frágeis sozinhos**. As consequências na vida de terceiros refletem direta ou indiretamente sobre cada um de nós.

Use sua imaginação. Enxergue você limpo, perfumado..., e todas as pessoas do mundo sujas e cheirando mal. Ok! Exemplo tolo, vamos tentar outro:

- Você milionário, sem nenhuma outra necessidade, e pessoas muito carentes ao redor. Quanto tempo levará para você viver problemas? Vamos agir por todos ou esperar até que nosso filho seja atacado e morto na esquina por causa de um par de tênis? Não é esta a realidade cada vez maior?

Um projeto universal.

É urgente uma estratégia que alcance cada cidadão, cada família. Aqui está:

- SUPERCONSCIÊNCIA/FAMÍLIA DO FUTURO é um plano posto e acessível com estratégias de direcionamento para todos os seguimentos sociais. Para os pais e as famílias, desde a gestação (antes da criança nascer) até a primeira infância; pais, professores e familiares, nas escolas públicas e privadas – ensino fundamental e médio; nas empresas para empresários, diretorias, funcionários e familiares; em toda a comunidade; para todos os servidores e familiares em todos os escalões de governo.

Somente quando todos forem instados a falar uma "língua semelhante" teremos mais chance de "dar certo". Acreditar, compreender, dar novos significados e fazer novas escolhas. Esses valores são extremamente poderosos quando colocados em prática.

Qual será o custo por deixarmos tudo isso de lado e seguirmos a vida como sempre..., ao que respondo com mais interrogações: qual o custo:

- De um pai ausente no lar?
- Um AVC ou infarto fulminante em um jovem de 35 anos?
- Crianças iniciando nas drogas com 9 anos de idade?
- Meninas grávidas aos 12 anos?
- Mulheres que sofrem com a violência doméstica?
- Medicamentos e tantos outros "remédios amargos"?

Resultados de trabalhos de prevenção realizados em algumas empresas foram apresentados em 2018 no 5º Congresso Internacional sobre drogas (lícitas e ilícitas), o mesmo evento no qual apresentei a palestra sobre "Privação de drogas em neonatos" (que traduzi na maior necessidade de abraços). Eles demonstraram reduções elevadas nos percentuais de despesas médicas; absenteísmo (faltas); acidentes de trabalho; acidentes pessoais fora das empresas; problemas disciplinares; e uma boa redução nos custos em substituição, recolocação e treinamento de um novo integrante que não precisaria ser incorporado.

Tais economias se mostraram por demais significativas comprovando que ações de prevenção são necessárias em todo lugar.

Dois trabalhos, em particular, apontaram para altos benefícios financeiros. Para cada R$1,00 (um real) investido em um programa de prevenção, a empresa Caterpillar economizou R$12,00, principalmente em danos; justiça trabalhista e custos com sistema de saúde. A Delta Airlines mostrou um ganho de US$27,00 (vinte e sete dólares) para cada US$1,00 investido.

Todos se beneficiaram com ganhos de produtividade, inovação, confiança das equipes e felicidade, não apenas dentro dos muros das empresas, mas na gratificante emoção nas casas dos muitos trabalhadores. Qualquer ação em prol de funcionários não se limita à empresa, assim como o bem-estar nas casas refletem em resultados benéficos nas mesmas empresas. É um grande investimento ajudar "o outro".

Economia que leva a mais benefícios financeiros e mais ganhos, em um ciclo virtuoso permanente.

Provavelmente esse seja o maior objetivo que estamos hoje considerando para a chamada Indústria 4.0. Para que ela exista de fato, precisamos de uma Sociedade 4.0; Indivíduos 4.0. Inteligência e propósito real desde o início do Universo.

Vamos esperar quanto tempo para acreditarmos em nós mesmos como humanidade?

Eu acreditei.

Por isso estou aqui, agora, como um livro "em suas mãos".

Para você respirar outros ares, viver melhor, ser muito mais feliz.

E ver o outro, todos ao seu lado, cada vez mais felizes.

Afinal, ser feliz para nós é, em grande parte, simplesmente e sempre apenas um modo de pensar.

CAPÍTULO XII

Seu Futuro é Agora

Em um passado recente o mundo era mais lento, o tempo e a vida passavam "suave" nas janelas. Também tínhamos muitas vontades, contudo, era possível resolver pendências mais tarde, outro dia e, às vezes, em momentos distantes, sem que perdêssemos a oportunidade. Tudo era muito previsível e as surpresas, quando aconteciam, geravam espanto, tornando-se a notícia da cidade ou até mesmo de algum pequeno vilarejo, por muito tempo.

A previsibilidade permitia que as coisas permanecessem estáveis e as crianças assim cresciam, os jovens namoravam, os casais cuidavam de suas responsabilidades nas casas e no trabalho, este encargo mais voltado para os homens. Acredite, as mulheres amavam essa vida, pois podiam exercitar os maiores sonhos, serem mães e cuidarem da família, tudo muito simples, controlável, pouca tecnologia.

Sim, a vida não era nenhum paraíso, no entanto, o tempo sim. Esse jogava a favor de todos. Ao menos a maior parte das vezes.

Havia professores e livros que ensinavam os alunos, estes numa passividade que hoje arrancaria sorrisos maliciosos de muitos. As profissões não eram muitas, porém, para sempre. Médico, advogado, juiz, professor, padre, fazendeiro, comerciante... Os filhos, geralmente seguiam a profissão do pai, menos o padre, claro, eita!

Porém, havia famílias destinadas, ou vocacionadas, ao sacerdócio.

Todos os maiores, sem exceção, ensinavam o que os "menores" deveriam pensar. Ou, ao menos, eles tentavam, sob a tutela da Igreja e de governos, não poucas vezes dos dois.

Repito, isso não foi há tanto tempo assim.

Os jovens nas escolas eram estimulados ao individualismo competitivo, a serem o mais inteligente sem nunca questionar o que era transmitido, muito menos se estimulava a inovação. Claro que durante toda a história humana, surgiram aqui e ali "ovelhas negras" que questionaram e inovaram. Alguns foram para as fogueiras ou, pelo menos, ajoelharam no milho ou coisa parecida (ou pior). Meu pai ajoelhou no milho.

Porém, mesmo sendo poucos os "afrontadores das regras", a evolução humana deve muito a essas pessoas que "pensaram diferente da maioria" e conseguiram não apenas sobreviver, mas evoluir com pensamentos, ideias e..., novas tecnologias.

Vivemos atualmente em um mundo muito diferente, acelerado, numa complexidade crescente na qual as pessoas não dão conta de tanto saber. Inovações acontecem todos os dias e quase ao mesmo tempo em diversas partes do mundo – como se manter atualizado? Empregos clássicos estão desaparecendo ou mudando muito o modo de aplicação. Estamos sendo trocados por algoritmos robôs e, na doença da loucura atual, famílias estão se evaporando.

Perdas importantes individuais, quer seja pelo despreparo emocional para os relacionamentos ou pelas próprias exigências profissionais que estão tomando lugar do romantismo, sendo substituído este pelo capital. Quem irá pagar as contas a partir de agora?

Todos?

- Sim!

Não nos preparamos para isso e levaremos algum tempo para merecer essa inspiração para uma nova vida, um futuro, naquilo que passaram a chamar Indústria 4.0 (apenas um nome para um desejo empresarial e muito lucros, no futuro próximo).

Mas, e as pessoas?

- Precisamos urgente aprender a pensar.

Competências exigidas:

- Ontem, individualismo, hoje, coletivo; ontem, competição, hoje, colaboração; ontem, não questione, hoje, seja criativo, duvide, dê a opinião; ontem, não inove, não se meta; hoje, se não pensar fora da caixa estará fora do jogo; ontem, seja inteligente, hoje, sim, e para o nosso Programa aprenda a usar a SUPERCONSCIÊNCIA. Seja o piloto do seu próprio jato. A mais recente arma para a felicidade. Teu cérebro com direção.

Nossa proposta ainda prevê, além da superconsciência, um passo a mais. A Fé. Iremos abordá-la em momento oportuno, mais adiante, no entanto, extremamente eficiente para nossa proposta.

Não aquela fé religiosa, muito bem-vinda quando bem exercitada, mas a Fé espiritual, que a frase "está tudo certo sempre" bate tanto à nossa cabeça apenas esperando que a gente aprenda a perguntar ao Universo: "O que aconteceu aqui que não compreendi ainda"?

Ontem, aprender o que pensar.

Hoje, aprender como pensar e porque pensar.

Vale uma boa reflexão sobre isso.

Conexão... com a vida, com o outro, com o mundo..., é uma competência a ser assumida de maneira cada vez mais plena; assim como refletir positivamente sobre tudo e acreditar nas melhores respostas.

O Fórum Econômico Mundial listou dez habilidades das quais os jovens do futuro deverão demonstrar maior capacidade (os comentários são meus):

1. Resolução de problemas complexos

Ao que eu completei: ...e simples. Conhecemos pessoas capazes de realizar uma cirurgia de alta complexidade em um paciente cardíaco ou neurológico, ou... manobrando perfeitamente as melhores tecnologias da telemedicina..., contudo são incapazes de conversar com a filha sobre sexo, com o filho sobre autonomia, com ambos sobre drogas, com a esposa sobre o amor que sentem um pelo outro, ainda que tudo isso tenha algum grau de complexidade. Mas o que dizer das escolhas do tempo suficiente a ser "gasto" com a filha, o filho, os dois juntos, a esposa e consigo mesmo?

2. Pensamento crítico

Sim, verdade, questione tudo e se abra para o mundo, afinal a maior crítica que precisamos desenvolver é sobre nós mesmos. Vigiar e orar seriam uma boa resolução para esse ponto.

3. Criatividade

Ao que acrescento, dê liberdade para a emoção, por meio do pensamento. Uma emoção "solta, livre" pode ser muito criativa, porém, direcionada pelo pensamento poderá nos levar a cavalgar unicórnios pelos céus de nossas vidas e além mais.

Eu já voei com unicórnios. O meu último lembro que era azul e salivava um pouco pelo lado direito da boca. Saliva mágica que me ajudava a "limpar" as dores que eventualmente eu tinha na infância. Ela caía em minha perna durante o voo e eu limpava a boca do unicórnio, o que me fazia sentir bem por estar ajudando o animal enquanto ele me levava a passear pelo universo. Eu me sentia útil, e isso era muito bom.

Esses exercícios imaginários de pequeno me fizeram desenvolver uma técnica de controle da dor durante o parto das pacientes que atendi e elas não tinham acesso à anestesia. Sem ter o que fazer, e de madrugada, eu passeava com elas em imaginação por muitos lugares no infinito, numa conversa tão gostosa que não poucas vezes vi algumas adormecerem enquanto o útero permanecia em plena atividade.

4. Liderança e gestão de pessoas

Há uma interpretação para mim equivocada de liderança, ainda "encarnada" em nosso senso de hierarquia: Eu sou o líder, e os demais, o rebanho, a serem levados ao sucesso (ou ao abatedouro). Uma assimetria perversa e mantida de intimidação e manutenção de ego e poder. Pergunto, como liderar pessoas se muitas vezes sequer lideramos a nós mesmos?

Um líder, não poucas vezes, coloca estacas ao lado dos liderados – rebanhos humanos – que felizes sorriem muito e batem palma, com bexigas nas salas de "grandes eventos", mesmo sentindo que algo ali está errado. É fato que estamos longe de nos rebelar contra atitudes egoicas de alguns pseudolíderes. Um verdadeiro humano do futuro, nem sequer líder deverá ser chamado, mas aquele que consegue inspirar a cada um desfrutar da própria plenitude possível.

Parece um paradoxo, afinal plenitude tem origem em pleno, total, cheio. Então, não caberia dizer possível. Contudo, nunca seremos totalidade, porque somos apenas as pessoas possíveis. Todos somos falhos e pecadores. Filhos de Deus e do Universo.

5. Trabalho em equipe

Delegar o que não dá conta e tomar para si aquilo que lhe compete, trocar, ensinar, aprender. A isso prefiro chamar relacionamentos. Porque equipes encontramos no trabalho, porém, também nas escolas; nas ruas, quando somos afrontados por uma urgência e nossos passos decidirão caminhos possíveis de resolução; até na Família – eu, minha esposa e filha somos uma equipe, não menos ou mais importante que a que completamos com a babá e a empregada. Entender isso coloca nosso cérebro para funcionar de modo coerente em qualquer momento ou situação de nossa vida. Eu preciso ser útil e adequado, no meu trabalho, função ou mesmo "largado em um sofá em casa assistindo à televisão". É a prontidão e referência para atitudes corretas que conta.

6. Inteligência emocional

Repito (apenas para mim, porque todo mundo "manda" treinar a emoção – eu discordo), não existe inteligência emocional a ser "treinada", afinal nunca conseguiremos "adestrar" a emoção. Emoção é a resposta mental do que pensamos e, desse modo, administramos o "sentimento da emoção", nunca a emoção.

Há, portanto, inteligência do pensamento. "Penso, logo sinto". O "existo" (do aforisma) depende do que eu penso. Pense coisas boas e a emoção que rodará no cérebro será compatível com o que acredita. Pense coisas boas ou ruins e veja se consegue "controlar" a emoção.

Só o pensamento bem direcionado em uma superconsciência é capaz de nos ajudar a manter as melhores emoções.

Vou repetir para que fique claro: emoção é o *software* (programa) que roda no *hardware* (cérebro). Medo, alegria, tristeza... Sentimento é o que sinto em relação à emoção: medo – sente agonia tristeza, para alguns, alegria e excitação para outros (aqueles que adoram filmes de terror). Percebe-se assim que emoção é o medo e sentimento é o que "sinto" em relação a ele.

Assim o PENSAMENTO administra o medo e dá novos significados a ele – **acreditar, compreender, ressignificar e fazer novas escolhas**. Entenda definitivamente esses valores. Por isso podemos e devemos "treinar o pensamento", nunca se consegue "treinar a emoção". Emoção e sentimento são consequências do modo como treinamos pensar.

Então, a frase que gosto tanto:

- "*A dor é real, e o sofrimento, opcional*".

A morte do meu pai foi real, eu estava lá, ajudei até o último segundo do caminho dele, vi quando parou de respirar. Um silêncio ensurdecedor no quarto. A dor da perda é real, já o que eu pensei sobre tudo, opcional – **o sofrimento é opcional**. Agradeci a Deus e ao universo tamanho privilégio de poder ter convivido com ele por tanto tempo, pelos altos e baixos, noites e dias, por tudo que aprendi. E aceitei o adeus. Um sentimento maravilhoso de gratidão. Aceitar é chave.

Existem outras opções de pensamentos. Usei a morte de um pai pelo significado que ela carrega. Então! Se podemos repensar a morte de um pai, o que dirá "todas as outras coisas menores". Lembre-se agora de uma das frases sedutoras mais belas do Programa: **"Está tudo certo sempre"**. Isto é SUPERCONSCIÊNCIA. Treine!

7. Julgamento e tomada de decisões

Quando Jesus nos disse para não julgar..., acredito que a tradução do grego e aramaico se referia a não acreditarmos possuir a única verdade e, a partir dela, não tomarmos decisões que mais tarde muitas vezes se revelariam equivocadas.

Devemos aprender a sermos mais humildes e condescendentes diante da "verdade" do outro e cuidarmos das nossas "reações".

Digo isso porque é impossível não julgar. Um juiz também julga pela emoção, tornando impossível a ele ser absolutamente NEUTRO. O que ele não pode (não deve) é decidir sem neutralidade. O que cabe a um bom magistrado é, mesmo que incomodado pelas próprias avaliações e crenças, permanecer IMPARCIAL diante da lei.

Portanto, acrescento a esse item nossa capacidade cada vez maior e mais elaborada para avaliação, honra e ser útil para com o outro e a sociedade. "Decida" como você merece em seu posto cerebral e mental de comando de si mesmo, mesmo que ocupe, na realidade, o menor dos cargos na grade do trabalho.

8. Orientação a serviços

Sim, colaborar e servir.

Eu posso achar que será difícil pensar que devo servir a bilhões de pessoas em todo o mundo. Contudo, se por outro lado imaginar que existem esses mesmos bilhões de pessoas prontas para me servirem, fica mais interessante, verdade?

Deixado de lado esse comentário tosco, procuro servir a cada pessoa que passa por minha vida, nem que seja um olá e um sorriso para quem passa na rua. Você pode não saber, mas faz toda a diferença na vida daquela pessoa.

Um amigo me contou que faz isso com frequência e certa vez recebeu uma mensagem anônima em um envelope (já existia *e-mail*, mas provavelmente tal pessoa não quis se identificar) no qual havia um bilhete pequeno onde estava escrito: "Hoje foi um dia muito importante em minha vida. Caminhava com muita dor no coração e sem destino pelas ruas da cidade, pensando de modo acelerado, sem parar por um minuto sequer, em tirar a minha vida. Já me sentia decidida. Não conseguia nem mais chorar o que me assustou e, por outro lado, me deu a certeza de que esse seria o último dia. Até que você passou por mim, sorriu com uma gentileza que fazia tempo que eu não sentia de outra pessoa, cumprimentou-me e aquilo imediatamente me fez saber novamente quem eu era e que já fui importante. Lembrei-me dos meus pais que já se foram da Terra, de amigos que há tempos não vejo, mais por uma escolha minha da vida.

Sentei-me no chão da calçada por alguns instantes e fiquei olhando para você até que de longe notei você entrar no que imaginei ser sua casa. Quero que saiba que você não me deve nada. Minhas dificuldades são coisas apenas minhas, com Deus e com o Universo. Mas quero que saiba que naquele dia você me salvou. Deu te abençoe e muito obrigado".

Servir não se trata apenas de dar comida, agasalho, um tempo de vida, uma conversa, ou mesmo um simples e inspirado olhar e sorriso. Servir é se sentir amado. Afinal, só é possível dar, entregar, oferecer... aquilo que nós mesmos já possuímos. Por isso VOCÊ é a pessoa mais importante do universo. Tenha para dar. E dê!

9. Negociação

Aprender a negociar de modo que seja benéfico a todos.

Negociação é uma arte e quase sempre versou sobre quem se sairá melhor, quem ganhará mais, mesmo respeitando regras legais, nem sempre morais.

Muito ainda se negocia em uma mesa de bar ou um belo restaurante, contudo, não decidindo nada antes de sorverem álcool suficiente para baixar a guarda do "oponente" ou deixá-lo suficientemente cansado para apenas no final serem tomadas as resoluções, naquele momento que se assina um contrato muito mais porque se deseja voltar logo para casa – ou para um bordel com tudo pago pelo "estrategista".

Jogos de egos infantis.

Negociação para o próximo século, ou para mim desde que me conheço, será diferente. Aliás, sou um grande tolo, preciso que alguém "mais esperto" sempre leia antes que eu assine contratos. Não por pressa, cansaço ou porque quero ir para uma "festinha íntima", mas porque eu sempre "acredito no outro". Talvez seja uma atrofia com calcificação das minhas amígdalas cerebrais, o que justifica (neurologicamente) o meu despreparo, ou apenas sou tolo mesmo.

Hoje já não me sinto mais tão ingênuo, contudo, sempre quero que o outro se sinta honrado por tal "parceria", que ganhe a parte que cabe a ele e fique feliz com a relação. Muitas vezes isso é incompatível com que eu saia dali sem perdas.

Minha esposa sabe negociar muito bem e geralmente eu tenho que sair de lado enquanto finalizam um acordo. Admiro a postura dela, confiante, decidida e, nem por isso, menos honrada.

Acredito que não sou o único no mundo que pensa e age assim. Mas, será que um dia aprenderemos todos a negociar, para o bem dos que assinam aquele contrato e daqueles que serão alcançados pelos resultados de tal gigante e verdadeiro pacto?

10. Flexibilidade cognitiva

Isto é, conhecer além do que a formação regular propôs.

Aprender outras áreas, outros ensinamentos que percorrem a vida, e cada vez mais, diferente dos conhecimentos estanques e perenes do passado.

Estudei medicina e escolhi ginecologia e obstetrícia como especialidades. Não tardei a perceber que se eu conhecia profundamente o útero, ovários, mamas... nenês, eu mesmo queria ver tais estruturas e a criança.

Para tanto, desde os primeiros anos estudei e aprendi ultrassonografia e me dediquei ao meu consultório e às imagens que eu mesmo colhia e avaliava no momento da consulta, o que era maravilhoso para mim e para as pacientes em diversos aspectos.

Muitos diziam que eu não deveria fazê-lo por ser uma outra especialidade. Não dei ouvidos porque não conseguia entender por que não?

Com o ultrassom, a obstetrícia evoluiu muito iniciando a era da Medicina Fetal. No começo, estava escrito em meu cartão que eu também dominava esse novo conhecimento. Claro, estudava muito e estava todos os meses acompanhando o nascer dessa futura especialidade. Cresceu tanto que chegou um momento eu tive que decidir: ou me tornaria um especialista em medicina fetal ou seguiria com meu consultório habitual. Tomei a minha decisão, afinal, não abri mão do universo de conhecimento que me permitia atender melhor minhas pacientes idosas, assim como as jovens, as mulheres adultas, as gestantes... Segui estudando muito, mas sem conseguir acompanhar de perto mais outras evoluções, de tantas que eram. Impossível acompanhar.

Sempre pensei e disse que atendo não apenas um órgão genital, um útero, mas um ser humano completo. Também sei que muitas dores não encontram respostas no exame ginecológico, nas imagens ou no laboratório. Assim como os tratamentos não poucas vezes não se resolvem com remédios ou cirurgias.

Fiz diversos cursos paralelos em muitas áreas da psicologia, estudei matemática, física, filosofia, dois anos da faculdade de direito para exatamente aprender aquelas cadeiras que muitos fogem na academia, como história do direito, sociologia... Parei a faculdade de direito para fazer outra pós, dessa vez em nutrologia, apensar de não atender nessa área até hoje, eu queria apenas o conhecimento.

Pós em qualidade de vida na PUC PR, pós em psicomotricidade... diversos cursos, muitos livros... onde quero chegar?

- Conhecimento transversal.

A vida é muito rica para nos construirmos em uma profissão única por toda a vida. E o futuro exige esse pensamento mais amplo.

E você, onde fica nisso?

- Superconsciência e visão de futuro existem para todos.

Se eu apresentar seu lobo frontal agora para você, verá que é muito parecido com a cabine do mais sofisticado avião existente hoje. Uma tecnologia maravilhosa. Em tempo, nosso lobo frontal é ainda mais avançado, mas esse comentário deixaremos para o último tema do Programa, quando falarmos mais de espiritualidade.

Imagine-se sentado no *cockpit* do piloto, com as mãos sobre o manche. Olhe para a pista adiante, no destino traçado, nos preparativos para alcançar (o futuro) e, ao mesmo tempo, pense em toda a tripulação e passageiros lá atrás, todos, sem exceção, confiantes em você e em suas habilidades e capacidades.

Então, volte os olhos da alma para as centenas (milhões) de pessoas que dependem diretamente das escolhas que você irá fazer, a cada instante. E siga. Com entusiasmo, confiança e ousadia. Mostre para o Universo que está em você "toda a intencionalidade que vem recebendo dele a cada dia". O imperativo, a ordem do amor.

Agora pense:

- "Para quem" faremos tudo da melhor maneira possível? A resposta parece simples: – por amor a nossos filhos, desde antes de nascerem, e mesmo para aqueles que nem nasceram, os que existiram somente em nossos sonhos. Em honra e homenagem a eles. E, por fim, num tremendo respeito aos nossos pais possíveis, aqueles que, como nós, tentam ou tentaram com os instrumentos e conhecimento que possuíam, que lhes foi possível, dar-nos o melhor, mesmo quando para nós não pareça. Essa também será uma grande conversa adiante.

Vamos em frente, pois iniciamos o caminho.

Seja muito bem-vindo, Comandante.

Quer um café antes de partir?

Posfácio

Uma folha de papel em branco.

O conceito nominado como "tábua rasa" originou-se na Antiguidade definindo o estado de consciência de uma criança como sem nenhum conhecimento prévio ao nascer. Tudo ali ainda a ser preenchido pelo mundo. Alguns pensadores, ao longo de toda história e até hoje, divergiram desse conceito aceitando que sempre existe um conhecimento inato para ajudar a criança a dar direção ao que recebe do mundo por meio dos órgãos dos sentidos.

Dois polos de pensamento: nada é necessário saber antes de nascer e somente depois passamos a receber, conhecer e elaborar as informações do mundo ou, por outro lado, existe um saber prévio, numa programação genética, base para o desenvolvimento do conhecimento.

Qual dessas duas teses podemos aceitar?

- É uma questão interessante para literalmente "gastarmos" nela mais alguns milênios de filosofia. Porém, a pergunta que resta: importa encontrar aqui uma resposta exata? Ou melhor, existe resposta que confirme um desses lados ou somos a soma de todos esses pensamentos?

O fato é que as duas teorias podem e devem estar corretas, em parte. Cada uma com um "pedaço da verdade". Possuímos já um substrato de informações garantidas pela biologia, essa, viva, desenvolvida e ativa por milhões de anos, e outro tanto "escreveremos a partir do zero" em diferentes partes e compartimentos cerebrais.

Confirmada pela ciência, há de fato uma formação neural que define nosso cérebro, por meio de ligações, ajustes, construções e desconstruções entre muitas células nervosas cerebrais que representarão, no futuro, fisiologia, memória, tempero, caráter e personalidade. Um processo complexo e paulatino que persiste ao longo dos anos, para a formação de quem somos nós, crucial nas primeiras fases da vida.

Em relação ao caráter, nascemos bons ou maus, ou aprendemos a ser? Quanto em nós é inato, o quanto aprendemos?

Para o trabalho SUPERCONSCIÊNCIA/FAMÍLIA DO FUTURO pouco importa se nascemos bons ou maus, mas que relacionamentos plenos de amor, carinho e intencionalidade, na maior parte das vezes, resultarão pessoas cada vez melhores para a sociedade, para família e para elas mesmas.

Quanto de evidência científica é preciso para comprovar isso?

Portanto, duas conclusões.

Em primeiro lugar, não precisamos valorizar a resposta "correta" para a questão posta, sejamos ou não tábua rasa, porque nada poderíamos fazer quanto a isso, verdade? Então, apenas alimente um cérebro com amor.

Em segundo lugar, e não menos importante, por mais que tenhamos sido forjados na dor, no desespero, no medo, e haja em nós sinais vivos de revanche, somos mutáveis. Plenamente mutáveis. Basta querer, encontrar a direção e acreditarmos sermos anjos uns dos outros.

Um cérebro é construído ao longo de décadas e monta um padrão de inteligência baseado em necessidades a serem preenchidas (normal). Portanto, não é do dia para a noite que novas ligações neurais surgem para substituírem velhas ideias, assim, mudanças de mentalidade podem demorar um pouco, mas são possíveis – importante – <u>se desejadas e trabalhadas</u>.

Um ser humano com o mal instalado no coração muda se encontrar uma porta de saída que mostre para ele vantagens e benefícios.

MUDAR QUANDO VÊ VANTAGEM É UMA FORÇA DA BIOLOGIA

Mudanças valem para sentimentos de medo, a tristeza... Isso é naturalmente verdadeiro, sem a necessidade de interpretações morais. Não me refiro aqui a mudanças enganosas de comportamento para alcançar vantagens, mas mudanças reais quando sentimos que o mal em nós não mais se justifica. Acreditamos, compreendemos, damos novos significados e, desse modo, nos tornamos capazes de fazer novas escolhas.

A resposta é sim, podemos mudar. Uma verdade da natureza que sempre busca o melhor para nós. Claro que também não estamos aqui falando de pessoas doentes, por psicopatias. Existe o mal como consequência de doenças mentais.

Então, para usarmos "poesia", lembre-se: "mesmo um bandido por toda existência, num último suspiro, reconheceu Jesus crucificado como filho de Deus e com Ele subiu aos céus". Uma mudança de mentalidade no último instante de vida.

Do que tratamos até aqui traduz o objetivo fundamental do Programa: **PROVOCAR FORTES REFLEXÕES**.

Mudanças necessárias para a vida correm por conta de cada um, afinal, não tenho poder sobre resultados, mas sobre os pensamentos e as reflexões apresentadas, sim. Lembre-se, não sou dono da verdade e posso mudar meus conceitos ao longo da vida – também estou no processo –, mas o conhecimento que acumulei até hoje é tudo o que tenho para oferecer agora, sem maldade, sem outras intenções que não seja ajudar.

Reflexões precisam ser fortes suficientes para sensibilizar neurônios e assim serem capazes de criar novos significados, desejos e "portas de saída" – oportunidades. Se não há uma doença que impeça, quem quer mudar simplesmente muda. Quem não vê por que mudar ou tem dúvida da intenção, medo, não muda. Simples assim.

Portanto, como já exposto no início do livro, "alegria ou sofrimento não são obras do acaso". Não surgem do nada em nossas vidas. São sentimentos nossos nos quais colocamos significados.

Vamos por partes.

De modo superficial, a alegria e tristeza são fáceis de explicar, afinal, você sabe o que o deixa feliz ou triste. Porém, muitas vezes, não sabemos avaliar muito bem as causas e consequências dos fatos que nos deram essa felicidade ou tristeza e, somado a isso, o que nos dá esses sentimentos pode significar algo bem diferente, bom ou ruim para outras pessoas.

Referindo-se ao sofrimento, de maneira rasa, qualquer um pode enumerar fatos que o entristece, como o medo, as perdas e a morte (a pior das perdas).

Pense por um instante.

Se esses sentimentos são relativos a um momento, uma história, às pessoas envolvidas, os pensamentos sobre eles podem ser trabalhados e modificados. Por isso afirmamos que alegria e tristeza não são obras do acaso, mas resultados criados e trabalhados por cada um de nós e, agora o principal, "fruto da escolha dos nossos pensamentos".

É uma construção neural que pode ser aprendida – reorganizada neurologicamente – uma nova mentalidade.

Como fazer isso é o que pretendemos mostrar e treinar durante todo o Programa. Refletir e obter novos significados, compreendendo fatos da vida. Um significado novo para cada perda pode trazer uma emoção bem mais adequada em nosso merecimento para uma vida melhor. Lembre-se de como "pensei" no momento da morte do meu pai. Foi assim na morte de minha mãe. Imagine o que penso em pequenas perdas que nos "afrontam" todos os dias. "Está tudo certo sempre".

Existem diversas pessoas que se dedicam ao outro, ao bem-estar de uma comunidade, a um melhor presente e futuro para a humanidade. Acredito que a maioria das pessoas no mundo são boas, querem o bem para todos, contudo, na maior parte das vezes não sabem o que fazer, como se posicionar ou como atuar.

Esse Programa é a oportunidade.

E você importa muito.

Afinal, começamos limpando a própria casa para depois inspirarmos o vizinho a limpar a dele. O vizinho não é o do endereço ao lado, mas aquele que passa por você a cada dia, mesmo que apenas uma vez na vida. Aquele para quem você acenou com um delicioso sorriso de boa tarde, e talvez tenha afastado dele pensamentos que o levariam ao suicídio no final do dia.

Não sabemos. Importa?

Acene.

Dê o bom dia.

O mundo precisa de loucos, loucos uns pelos outros.

Suicídio aumentado a cada pesquisa. Sim! Importa saber o porquê para buscarmos soluções baseadas nas causas. Por outro lado, importa ainda mais construirmos juntos mentalidades cada vez maiores e mais fortes dirigidas ao futuro. Daí a importância das reflexões em cada tema, a cada aula, a cada proposta.

Não podemos esperar todas as comprovações científicas e deixaremos para os filósofos as eternas discussões na busca pela verdade plena – essa, inalcançável para o Homem. Se é assim, não sou eu, nem você, os donos dela.

Mas, podemos e vamos pegar o que temos de realidade nas mãos e trabalhar ao máximo. Ou devemos esperar melhores evidências científicas para saber de fato se uma criança se sente amada, caso ofereçamos a ela muito do nosso amor?

E que tal se começássemos a treinar os pais para que construam uma mentalidade maior e dessa maneira espelhem o melhor em seus filhos, desde antes do nascimento? Que tal cérebros de crianças sendo construídos e moldados por, pelo e para o amor? Sonhos loucos? Adoramos ser loucos e ingênuos.

Sua felicidade é a melhor meta do Programa SUPERCONSCIÊNCIA. Se a sanidade (e tanta evidência científica) nos trouxe até ao mundo que temos hoje, só nos resta a insanidade para corrigirmos o que falta. E falta coragem para seguir adiante nesta aventura?

- Então vamos lá! Quais os principais problemas enfrentados hoje pelas famílias em todo o mundo?

É possível enumerar todos eles?

- Vamos melhorar a pergunta: é necessário enumerar ou podemos partir de uma pequena lista?

- Segundo diversos estudos, esses foram os considerados como mais importantes no Brasil e em todo o planeta, não necessariamente em ordem de importância: corrupção e transparência governamental; drogas; insegurança; violência e os diversos conflitos locais e globais, como religiosos, migrações populacionais, assassinatos, brigas de torcidas, minorias; impunidade; lentidão na justiça e disposição na resolução de problemas estruturais e infraestruturais, assistência social e pobreza, saúde e bem-estar; alimentação, água limpa e sanitarismo; educação; inflação; falta de oportunidades de trabalho e desemprego; impostos; falta de liberdade e privacidade; *bullying* nas redes sociais...

As soluções sempre são dirigidas para os problemas.

Em nossa opinião, a solução está em cada um de nós, em cada indivíduo, na formação de cada mentalidade, em nossa imaturidade.

POSFÁCIO

Tratar os problemas objetivos é um ato gigantesco e pouco eficaz. Claro que todos eles podem e devem ser enfrentados com força, estratégia e direção, porém, <u>que tal olharmos para a causa desses problemas</u>, para a nossa fragilidade que afeta a maneira como sentimos, pensamos e agimos... E por isso somos corruptos, violentos, usamos drogas, migramos, lutamos..., morremos?

"Conhece-te a ti mesmo" em grego **gnōthiseauton**; em latim é **nosce te ipsum**. Uma frase pequena, direta e simples, pensada na Antiguidade, no início da história da filosofia, inscrita na entrada do templo de Delfos, construído em honra a Apolo, o deus grego do sol, da beleza e da harmonia.

Se essa é a frase proposta para o autoconhecimento, tão importante e difundida até mesmo por muitas religiões, por que fugimos tanto dela? Nem comece esse Programa se não deseja olhar para dentro de si mesmo, encontrar respostas e promover beleza e harmonia. Nem pense nisso mais, não vai funcionar.

Que tal descobrir que depressão como doença praticamente inexiste, sendo, na maioria das vezes, apenas tristeza profunda graças ao acúmulo de problemas que não aprendemos receber e, desse modo, não soubemos enfrentar e superar?

Que tal entender que ansiedade é uma maravilhosa arma presenteada a nós pelo Universo, por meio da evolução? Que nos instiga a seguir adiante e cada vez com mais força?

Que tal... conhecer a ti mesmo?

Não é à toa que tantos preferem remédios sem buscar terapia. Talvez exista um medo de fundo "por se conhecer de fato" e, desse modo, ter que assumir encarar "a medusa" transformando-se em pedra.

Acredito que nos tornamos "rigidez" exatamente por não encarar nossos maiores medos.

Iniciamos o caminho com este livro-tema, conhecendo de modo objetivo, simples e muito rápido nosso próprio cérebro, porque é ali que moram emoções, sentimentos e pensamentos. É ali que também nascem as confusões, aquelas de inúmeras listas de problemas em programas de governo e religiões, que doem e machucam tanto e não se encontram saídas satisfatórias para a humanidade porque sempre a imensa maioria das pessoas procura as soluções fora..., enquanto a saída está dentro de nós.

Insegurança, incertezas e falta de direção; desentendimento, brigas e imaturidade; divórcio e sofrimento em todas as relações; alimentação inadequada e um sem-número de doenças; falta de diálogo e compreensão sobre sexo e sexualidade; crises diversas com perdas de sonhos; traumas por despreparo gerando medo e solidão; afastamento espiritual progressivo com instabilidade das emoções e dos pensamentos. Essa é uma pequena lista dos problemas que precisamos enfrentar. Por nós, não por terceiros. E vamos fazê-lo construindo novos paradigmas, com convivência e afeto, não mais acreditando que todas as dificuldades serão sanadas por si só, desaparecendo como por mágica.

Nossa proposta não é mítica, é inteligência direcionada.

Precisamos corrigir a base, a raiz, o solo de nossa existência e conquistar o maravilhoso sentido da vida. Caminho, rumo ao futuro.

Deixei claro, por muitas vezes, não ser dono da verdade ou sequer ter todas as respostas, mas estou propondo um caminho, uma viagem para dentro de cada um de nós, nos meandros de nossos neurônios.

Este não é um "curso de *coaching*", um processo terapêutico e não se baseou em nenhuma metodologia conhecida, apesar de citar diversas. Muitos conceitos expostos já existem, contudo, a maneira de olhar para eles será, por vezes, diferente. Não se parte do vazio, mas o Programa se coloca como uma proposta inteiramente nova, na qual resultados, se houver, serão construções de cada um.

Minha responsabilidade permanece apenas na qualidade e intensidade das provocações, muitas vezes não no modo com que você desejaria. Também não conseguirei forçá-lo experimentar e exercitar esses conceitos novos. Mas torcerei por isso. Se praticar sentirá os resultados e poderá escolher seguir ou não esse caminho de "loucas ideias".

Um tema para cada problema que considero fundamental, no entanto, são muitas informações que conversam entre si. Um assunto depende do outro como um verdadeiro sistema de conhecimento.

Reflexões para auto-organização e alcance de uma maturidade possível. Prevenção total. Por você, seus filhos e sua família.

Imagine agora esse Programa multiplicado e alcançado por todos? Então, pense um pouco sobre essas frases tiradas do filme Frozen da Disney:

- *"Puxa! Você não sabe nada mesmo sobre o amor verdadeiro".*
- *"Ele não te ama o suficiente para te deixar para trás".*
- *"Derreter por algumas pessoas vale a pena".*

"Eu" sou o cara mais egoísta da Terra. Não quero lá no futuro que minha filha seja assaltada assim que sair de um restaurante com marido e filho; não quero que..., e mais..., e... etc. Por isso eu vou lutar para alcançar e construir novas mentalidades, desde a base, primeiro a partir da limpeza necessária em meu próprio cérebro, nas feridas formadas ao longo da minha história. Agora você! Depois..., cada um!

"Conhecendo a si mesmo", a maneira como reage "às coisas da vida", e praticando muito, se convencermos um número suficiente de pessoas a fazerem o mesmo, conquistaremos finalmente um mundo muito melhor.

Que tal?

Aceita espalhar essa ideia?

Não somos tábua rasa.

Trazemos nós, em cada célula do nosso corpo, o conhecimento de todo Universo.

Só nos falta apreender.

Avance!

Estarei sempre com você.

VOCÊ NUNCA ESTARÁ SÓ

- Até o próximo livro!

Bibliografia

O Poder de Servir aos Outros – Gary Morsch e Dean Nelson.
Você Pode Mudar o Mundo – Billy Grahan.
Competências Emocionais – Monica Simionato.
Sobre Amor e Relacionamentos – Deepak Chopra.
O Adulto Diante da Criança de 0 a 3 anos – Andre Lapierre e Anne Lapierre.
Como se Constrói o Conhecimento – Isabel Cristina Malta Garcia Makishima.
O Segredo das Crianças Felizes – Steve Biddulph.
Adolescência Normal – A. Aberastury e M. Knobel.
Saber Amar – Luiz Alberto Py.
Escolhas – Roberto Aylmer.
Talento para Ser Feliz – Leila Navarro.
A Arte do Possível – Rosamund Stone Zander e Benjamin Zander.
Comunicação Não Violenta – Marshall B. Rosenberg.
O Ciclo da Autossabotagem – Stanley Rosner e Patrícia Hermes.
A Magia da Mudança – Dalmo Silveira de Souza e Solange Maria Rosset.
Felicidade é um Trabalho Interior – Souza e Solange Maria Rosset.
Sucesso e Significado – Alex Dias Ribeiro.
Crianças em Perigo – Johann Christoph Arnold.
Perdas Necessárias – Judith Viorst.
Lições sobre Amar e Viver – Morrie Schwartz.
A Doença como Caminho – Thorwald Dethlefsen e Rüdiger Dahlke.
O Universo em um Átomo – Dalai Lama.
Uma Ética para um Novo Milênio – Dalai Lama.
Superinteligência – Luiz Machado.
A Religação dos Saberes – Edgar Morin.
A Cabeça Bem Feita – Edgar Morin.
As Forças Morais – José Ingenieros.
A Mais Bela História do Homem – André Langaney.

Mãe Natureza – Sarah Blaffer Hrdy.

Cultura – Um Conceito Antropológico – Roque de Barros Laraia.

Armas, Germes e Aço – Jared Diamond.

Civilização – Niall Ferguson.

O Mistério da Consciência – Antônio Damásio.

O Erro de Descartes – Antônio Damásio.

Nosso Futuro Pós-Humano – Francis Fukuyama.

Visões do Futuro – Michio Kanu.

Cérebro – A Maravilhosa Máquina de Viver – Alessandro Greco.

A Evolução do Cérebro – Paulo Dalgalarrondo.

O Cérebro Desconhecido – Helion Póvoa.

O Cérebro Quântico – Jeffrey Satinover.

Treine a Mente Mude o Cérebro – Sharon Begley.

A Mente Seletiva – Geoffrey F. Muller.

O Poder Infinito da sua Mente – LauroTrevisan.

O Projeto da Vida – Patrick Bateson e Paul Martin.

Como o Cérebro Funciona – Jhon Gribbin.

O Cérebro do Século XXI – Steve Rose.

Homo Deus – Yuval Noath Harari.

Sapienes – Yuval Noath Harari.

21 Lições para o século XI – Yuval Noath Harari.

Neurociências – Desvendando o Sistema Nervoso – Mark F. Bear.

Breve Currículo

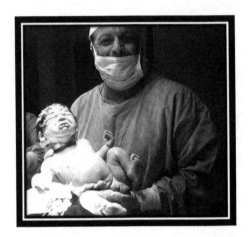

Todos os dias vejo nascer um "Ser Humano". Com o nosso apoio, será um cidadão Extraordinário!

ATIVIDADES SOCIOPARTICIPATIVAS:
Associação Médica do Paraná – AMP.
Delegado da Associação Médica Brasileira.
Federação Brasileira de Ginecologia e Obstetrícia – FEBRASGO.
Sociedade Paranaense de Ginecologia e Obstetrícia do Paraná – SOGIPA.
Médico do Corpo Clínico Hospital Santa Cruz e Hospital Santa Brígida.

PÓS-GRADUAÇÃO (além das especialidades médicas).
- Psicomotricidade Relacional – CIAR.
- Nutrologia – ABRAN.

CURSOS:
- Obstetrícia em Gestação de Alto Risco Hospital La Fé – Valência Espanha.

- Terapia Familiar Sistêmica – CTI.
- Neurolinguística – OTP.
- Emotologia – CC.
- Qualidade de Vida – PUC-PR.
- Medicina da Longevidade – GLS.

José Jacyr Leal Junior
Av. Silva Jardim, Nº 2042, Conj. 505 – Água Verde – Curitiba/PR – Brasil
Tel. (41) 3342-7632 / 99972-1508
caf@jacyrleal.com.br – www.jacyrleal.com.br

SUPERCONSCIÊNCIA/FAMÍLIA DO FUTURO